Stefan Bischoff & Miguel Bader

Handbuch für den modernen Journalisten

Die populärsten Phrasen
aus Presse und Politik von A bis Z

© 2019 Bader, Miguel; Bischoff, Stefan
Herstellung und Verlag: BoD – Books on Demand, Norderstedt
ISBN: 9783750424623
Umschlaggestaltung: Stefan Bischoff

Vorwort

Politiker sagen mit vielen und zuweilen auch hehren Worten im Endeffekt nichts Substanzielles. Dies ist ein schon lange gültiger Allgemeinplatz, keinesfalls *„Fake News"*, wie es wohl in Neudeutsch hieße. Nichtsdestotrotz, Attribute hohen Könnens bezüglich glänzender rhetorischer Leistungen können dem einen oder anderen Vertreter der bundesdeutschen Parlamentsgeschichte ganz zweifellos nicht abgesprochen werden. Man denke in diesen zeitgeschichtlichen Kontexten etwa an kraftvolle und durchaus kontrovers rezipierte Debattenredner wie Franz Josef Strauß, Helmut Schmidt, Herbert Wehner oder Willy Brandt. Selbst der durch die häufige Verwendung von blumigsten Metaphern zu viel kabarettierter Berühmtheit gelangte Helmut Kohl könnte in die Annalen rhetorischer Akrobaten der politischen Ablenkungs- und Schönredner aufgenommen werden. Auch Kurt Georg Kiesinger, der schon den Spitznamen der „Silberzunge" in seinem Namenszug als vermeintliches Alleinstellungsmerkmal führte, und den er in seiner unendlichen Bescheidenheit selbst wohl nie abgelehnt hätte, kann als ein weiteres anschauliches Beispiel herangezogen werden. Schmidt „Schnauze" wäre ein weiteres.

Ein zeitgenössisches Novum liegt anderswo. Nicht in der Idee der Sprache als Ablenkungsmanöver, sondern vielmehr darin, dass der moderne Politiker im Einklang mit *Gewerkschaften, Kirchen und*

Verbänden und vor allem mit Medienvertretern stets die selben *Zeichen setzen* möchte. Dieses Phänomen hat sich, bis es mit diesen und anderen Publikationen zur Gegenbewegung gekommen ist, unter anderem auch in einer Art Normierung der Sprache manifestiert. Diesen Kriterien folgend würden zahlreiche *klare Kanten* eines Franz Josef Strauß', Helmut Kohls, Herbert Wehners, Kurt Georg Kiesingers oder Helmut Schmidts heute ohne jeden Zweifel auf dem Minenfeld der politischen Correctness medial als populistisch gebrandmarkt werden. Durch die Normierung der Sprache in Korrelation mit der Begrenzung des Sagbaren hat sich v.a. in der Bundesrepublik in den letzten zehn bis fünfzehn Jahren eine auf Phrasen begründete politisch-mediale Kunstsprache etabliert, die nunmehr selbst in schwarz-weißmalerischer Agitation, auch unter Benutzung von Totschlagargumenten, zum Inbegriff des politisch Unkorrekten mutiert zu sein scheint, insofern als dass sie zur Ausgrenzung unliebsamer Meinungen und Ideen herangezogen wird und so im Gewande der Antidiskriminierung selbst auf das Konsequenteste diskriminiert. Wählt zum Beispiel jemand AfD oder *AfD „light"* (FDP) dann hat er seinen *moralischen Kompass verloren*. Befürwortet dagegen jemand die Ausweitung des sozialen Wohnungsbaus, den *Mietpreisdeckel* oder die Vergemeinschaftung andernfalls dem Untergang geweihter Industrien gilt er als Anhänger einer *DDR 2.0*.

Auf die Frage wie es zu all dem kommen konnte, soll in diesem Nachschlagewerk nicht weiter eingegangen werden, wir denken aber dass die ganze Unbedingtheit milieubezogener Standpunkte und vor allem die Möglichkeit zur ungeprüften Publikation in solcherlei *Meinungsfilterblasen* vieles zu der Entwicklung einer stark radikalisierten Streitkultur beigetragen hat.

Im vorliegenden Nachschlagewerk des modernen Journalisten haben wir uns bemüht die gängigsten dieser Phrasen zu benennen, journalistisch korrekt anzuwenden und ihrem Inhalt nach strengstens auf den humoristischen *Prüfstand zu stellen.* Ob Sie nun zu den Vertretern der „Mitte", der AfD („light") oder der DDR 3.2.1 gehören, ob Sie lieber „*Fake News",* „*alternative Fakten"* oder die „*Lügenpresse"* lesen, ob sie *Brücken bauen* oder Ihren *moralischen Kompass verloren* haben, bitte fühlen Sie sich von keinen der Interpretationen der einzelnen Phrasen direkt angesprochen oder gar indigniert, denn den Linken wird das Buch sowieso zu rechts sein, den Rechten zu links und denen in der Mitte... Aber was weiß man schon über die in der Mitte.

Denken sie trotz des mangelnden Inhalts immer daran: *Auf die Inhalte kommt es an!*

Und nun wünschen wir Ihnen viel Spaß beim Lesen!

Absage, die klare:

„Der Minister erteilte den Forderungen eine klare Absage."

Eine Studie ergab, dass Einkommensteuer zahlende Menschen das Gefühl haben (▸ Menschen, die Gefühle habenden), ihnen bleibe zu wenig Netto vom Brutto (▸ Netto vom Brutto). Die Mehrheit gebe daher an, dass Steuersenkungen dringend angezeigt seien. Ähnliches fordert für den Gründerbereich auch eine Start-Up-Lobbygruppe (▸ Start-Ups, die) für ihre schmissig benannten Kunden „Hotelo", „Cara" und „Balla-Balla" (Hotelvergleichsportal, Car-Sharing und Sportwetten).
Allerdings stießen Forderungen dieser Art (▸ Forderungen, die) beim Minister auf taube Ohren (▸ Ohren, die tauben), weshalb er ihnen umgehend eine klare Absage erteilte.

*

Abschottung, die:

„Abschottung kann nicht die Lösung sein."

Abschottung ist immer als Lösung abzulehnen. Begehen Sie also nie das Verbrechen und schließen sie das Schott! Auch dann nicht, wenn Ihnen das Wasser bis zum Halse steht.

Tipp: Räumen Sie als kritischer Journalist niemals ein (▸ Einräumung, die), dass der Glaubenssatz „Abschottung kann nicht die Lösung sein" nicht immer richtig sein kann. Sonst könnte das zur Folge haben, dass Sie nichts mehr ein-, auf-, oder umräumen, sondern nur noch abräumen – nämlich den Schreibtisch an Ihrem Arbeitsplatz.

*

Abstrafung, die:

„Die Koalition wurde vom Wähler abgestraft."

Wenn eine Partei oder ein Politiker bei einer Umfrage Stimmen einbüßt, ist dies immer als eine Abstrafung oder deutliche Anzählung (▸ Anzählung, die deutliche) zu interpretieren. Die schreibende Zunft tut gut daran, diese gleich als ein Debakel (▸ Debakel, das) einzustufen. Die Bedienung besserer Argumente durch einen politischen Gegner darf uns als an der Sache orientierte Journalisten dabei nicht vorrangig in den Sinn kommen.

Dass im Kontrast zu oben gesagtem Wählerverluste bei tatsächlichen Wahlen sogar in hohen zweistelligen Bereichen keine personellen oder politischen Konsequenzen haben, ist seit Angela Merkels Einzug ins Kanzleramt für den politischen Beobachter zwar sicher verwirrend - bei drei großen Koalitionen in vier Legislaturperioden aber doch erklärbar.

Tipp: Grundsätzlich gilt: Abstrafung ist Gold! Lob ist Blech! Ihre Leser wollen rollende Köpfe. Deshalb strafen Sie hart ab. Jeder Umfrageverlust einer Partei oder eines Politikers im Promillebereich muss unbedingt zur Guillotine führen. Statistische Fehlertoleranzen von drei Prozent bei größeren und zwei Prozent bei kleineren Parteien sollten Sie, um den Knalleffekt nicht zu gefährden, tunlichst unerwähnt lassen. Achten Sie darauf, die statistischen Fakten bei Ihren mindestens wöchentlich durchgeführten Umfragen nicht mal im Kleingedruckten zu erwähnen.

*

Abwatschen, das:

„Der Minister wurde für sein Statement von allen Seiten abgewatscht."

Eine einfache Klatsche reicht da keinesfalls aus, es muss dem meist bayrisch- konservativen Delinquenten schon von allen Seiten eine verpasst werden. Wo es bei anderen bundesdeutschen Politikern im Ernstfall eher Kritik hagelt (▸ Kritik, die hagelnde), wird der süddeutsche Raubauz eben körperlich belangt.

Tipp: Wenn Sie eine sachliche Kritik an einer politischen Entscheidung oder an einem Statement subtil üben möchten, dann schreiben Sie doch einfach Sätze wie „Nachdem ein Sturm der Entrüstung losbrach, wurde der bayrische Innenminister von allen Seiten abgewatscht" oder „dem CSU-Abgeordneten blies nach seinen Äußerungen ein scharfer Wind ins Gesicht" oder „die Kritik am bayrischen Ministerpräsidenten reißt nicht ab."
Sehr viel investigativer als die Benennung des Schurken im Bezug zu einem Statement müssen Sie bei der Ergründung eines handfesten Politskandals heute gar nicht mehr sein.

*

Abzocke, die:

„Die Verbraucherzentrale verurteilte die Gebührenerhöhungen auf Sparkonten als Abzocke."

Wo man zuerst an ein Glücksspiel denken mag, handelt es sich bei der „Abzocke" im medialen Sprachcode tatsächlich um einen ungebührlichen Eingriff in das Portemonnaie des Bürgers, welcher ohnehin schon chronisch tiefer in die Tasche greifen muss (▸ Tasche greifen, das tiefere in die). So betrachtet der meist zum Verbraucher degradierte Bürger zwar die Erhöhung von Steuern, Gebühren, Abgaben, die Wegnahme des Ersparten, des Automobils und das für die Enkelgeneration aufgesparte Wiesengrundstück, oder schon die bloße Verkleinerung der Kaugummipackung gerne als Abzocke, eine gelbe Weste würde er sich dennoch noch lange nicht anziehen.

Tipp: Benutzen Sie den Begriff der „Abzocke", wenn Sie, erstens, Neid schüren möchten, was bei Ihren Landsleuten traditionell einfach gelingt, und wenn Sie, zweitens, erfolgreich an die Untertanenmentalität appellieren möchten. Denn abgezockt wird schließlich nur der generell unterlegene Kleinbürger, auch als „kleiner Mann" bekannt, der manchmal noch mit dem weiter dramatisierenden Zusatz „auf der Straße" versehen ist.

AfD, Nutzen für die:

„Der Minister erklärte die Debatte für beendet, da sie andernfalls der AfD nützen könnte."

Reden Sie nicht über Umweltschutz (es könnte den Grünen nützen).
Reden Sie nicht über die Agenda 2010 (es könnte der SPD nützen).
Reden Sie nicht über die Wiedervereinigung (es könnte der CDU/CSU nützen).
Reden Sie nicht über Rosa Luxemburg (es könnte der Linken nützen).
Reden Sie nicht über Hotels (es könnte der FDP nichts nützen).
Reden Sie über nichts, dann nützt es auch der AfD nicht.

Tipp 1: Durch das eifrige Anwenden der in diesem Buch gesammelten Phrasen erfüllen Sie die sechs oben genannten Regeln automatisch.

Tipp 2: Gefährden Sie Ihre Karriere nicht dadurch, dass Sie das kritisieren was der AfD nutzt. Gehen sie über Kleinigkeiten wie Flüchtlingskrise, Merkel, Atomausstieg, Eurorettung, Nullzins, Dieselfahrverbote und Enteignungsdebatte hinweg. Erklären Sie die Debatten um diese und andere wichtige kommende Dinge zum Tabu, indem Sie schreiben: „Das ist AfD!"

Aktivist, der politische:

*„Die Aktivistin sprach sich leidenschaftlich gegen
die kapitalistischen Exzesse des zügellosen Frei-
handels und das Engagements der USA aus.
Gleichzeitig verurteilte Sie die protektionistischen
wirtschaftspolitischen Pläne von Donald Trump aufs
Schärfste und machte deutlich, dass Abschottung
(▶ Abschottung, die) nicht die Lösung für (gegen)
den freien Austausch von Waren sein könne. "*

Mit dem politischen Aktivisten verbinden wir
Attribute wie Mut, Durchsetzungskraft, Renitenz
und, wie man deutlich sieht, ein gehöriges Maß an
argumentativer Stringenz. Wer solch´ geradlinige
Wege beschreitet, kann nur das Gegenteil von
Abwegen erreichen. Wege, die hell und klar, ja man
möchte sogar sagen, die rein sind. In diesem Sinne
sagt man sowohl dem Trump wie auch dem Brexit
(▶ Trump & Brexit) den gewaltfreien Widerstand an.
Wenn nötig auch mit geworfenen Pflastersteinen und
indem man auf einer G20-Demo nicht Gesicht zeigt
(▶ Gesicht zeigen, das).
„Politische Aktivisten", denen in Deutschland immer
eine wohlwollende Berichterstattung zuteil wird,
sind das mediale Gegenteil der Populisten (▶ Popu-
listen, die). Notwendig ist dafür nur dreierlei.
Erstens: Man versehe sich selbst mit dem Label des
politischen Aktivisten. Zweitens: Man gehe jede
Opposition gegen die Regierung mit dem Begriff des
Populismus an. Drittens: Man verstehe sich selbst

dabei aber unbedingt als konstruktive Opposition mit einem widerspruchsfreien Konzept.

Tipp: Passen Sie bloß auf wie Sie die Leute bezeichnen: Linke Spinner als „Aktivisten", rechte Spalter als „Populisten" und die in der Mitte als... Aber wer weiß schon, wie man die in der Mitte bezeichnen soll.

*

Alarm, der geschlagene:

„Verbraucherschützer schlagen Alarm. "

Geschlagen wird der Alarm nicht nur von Verbraucherschützern, sondern ebenso oft auch von Lehrern und Ärzten, in jedem Falle aber von Experten (▸ Experten, die). Um die brennenden Missstände zu beheben machen diese Fachleute dann Vorschläge, auf die der Laie niemals gekommen wäre, z.B. dass man um eine Erkrankung der Lunge zu vermeiden weniger rauchen und/oder keinen Diesel fahren soll. Regelmäßig kulminieren diese Vorschläge auch in der Forderung (▸ Forderung, die) nach der Einführung eines Schulfaches, dessen Lern-inhalte sich dann allerdings komplett mit dessen Namen abdecken. Die Bezeichnungen reichen dann von „Gesunde Ernährung" über „Sport und

Bewegung" bis hin zum Schulfach „Für Toleranz und gegen Rassismus" (▸ Für Toleranz und gegen Rassismus).

Tipp: Wenn es das Alarmschlagen nicht gäbe, dann müssten Sie es erfinden. Man hört beim Alarmschlagen schon förmlich das hysterische Kreischen von Frauen und Kindern, das Wehklagen der Alten, das Stöhnen der Deklassierten und das Jammern der Abgehängten.

Wenn Sie nicht bei einem Printmedium arbeiten, dann vergessen Sie nicht den fast schon obligatorischen Einbau des aufgeregt warnenden Experten vor Ort, der über eine Standleitung mit Ihnen im Studio verbunden ist. Eindringliche Warnungen via Fernsprecher machen alles selbst noch im Zeitalter des Internets wesentlich dramatischer.

*

Amt des Bundespräsidenten, das nicht beschädigt werden dürfende:

„Das Amt des Bundespräsidenten darf nicht beschädigt werden."

Das Amt des Bundespräsidenten ist so etwas wie der heilige Gral der bundesdeutschen Politikbefindlichkeit. Der Amtsinhaber ist ein hehrer Herold, der unter allen Umständen vor jedweder Unbill beschützt werden muss. Ein Bundespräsidentenamt im beschädigten Zustand muss demnach fast so entsetzlich sein wie ein Sprung in der Schüssel oder eine Krone, aus der ein Zacken gebrochen ist.

Tipp: Beschädigen Sie den Bundespräsidenten nur, indem Sie seine Nichtbeschädigung fordern. Anders kommen Sie diesem quasi immer durch die Kirche der Bundesversammlung vom Saulus zum Paulus gewendeten Moralisten nicht bei.

*

Andersdenkende, der:

„Auch der Andersdenkende hat das Recht auf eine Stimme.“

Der Andersdenkende ist in Deutschland strengstens geschützt und aufs höchste willkommen so lange er nicht anders denkt. Jedenfalls nicht anders als die mit einer Stimme sprechenden Parteien, Kirchen, Gewerkschaften und Verbände (▸ Parteien, Kirchen, Gewerkschaften und Verbände). Die Hochhaltung des Andersdenkenden ist damit klar ein Symptom des in Deutschland wohl niemals ganz überwundenen Kollektivismus.

Tipp: Nehmen sie das Zitat „Freiheit ist immer die Freiheit des anders Denkenden" von Rosa Luxemburg nicht zu pluralistisch, es könnte sonst der AfD nützen (▶ AfD, Nutzen für die):

"Freiheit ist immer Freiheit des Andersdenkenden. Nicht wegen des Fanatismus der ‚Gerechtigkeit', sondern weil all das Belebende, Heilsame und Reinigende der politischen Freiheit an diesem Wesen hängt und seine Wirkung versagt, wenn die ‚Freiheit' zum Privilegium wird."

*

Ängste, die diffusen:

„Die Bürgerinitiative schürt diffuse Ängste."

Das Gegenteil von diffus ist konkret. Man sollte meinen, dass es viel schwieriger sei, diffuse Ängste zu schüren als konkrete, also Ängste, die sich auf eine für den Populisten greifbare Gefahr beziehen. In Wahrheit ist aber die diffuse Angst viel leichter und schneller hervorzurufen, denn die Bereitschaft zur Angst wohnt jedem Menschen latent inne und die diffuse Angst kann, im Gegensatz zur konkreten, jegliche gewünschte Form annehmen. Oft reicht schon die Frage aus, ob die Überfremdung nicht zunehme oder ob der Dax heute ins Minus gedreht sei (▶ Dax, minusdrehend und Verluste ausbauend), um jeden besorgten Bürger die Gelegenheit zur Angst bereitwillig ergreifen zu lassen. Abhängig von der politischen Grundausrichtung Ihres Blattes können Sie thematisch direkt auf die jeweilige Zielgruppe einwirken: Die Grünen sehen bei blau rot, die Blauen sehen bei bunt schwarz, die Gelben bei Grün schwarz-weiß und die in der Mitte... aber wer weiß schon, welcher Farbenlehre die in der Mitte folgen.

Tipp: Das Kommende wird jetzt sehr dialektisch, ist aber für den tüchtigen Journalisten imperativ, denn es geht dabei um den Kern Ihrer Arbeit: Sie sind es, der die „diffusen Ängste" als buchstäblich Erster schüren muss. Vergessen Sie nicht, dass Sie deren Erfinder, aber mindestens deren Transponder sind und das gibt Ihnen beim Schüren „diffuser Ängste" natürlich den Generalsstab in die Hand. Um „diffuse Ängste" noch effektiver schüren zu können, ist es zusätzlich erforderlich, sie gleichzeitig in Abrede zu stellen, also als nicht begründet zu bezeichnen. Tun Sie das - und nichts anderes wird die Leserbrief-spalten besser füllen. Kein anderer Ansatz führt zu bissigeren Gastkommentaren. Der Eigentümer Ihres Verlags wird Sie befördern. Aber bitte bedenken Sie bei alledem: Durch die eifrige Leserreaktionen werden auch Stellen in Ihrem Hause fallen, denn die Zeitung füllt sich ja jetzt quasi von ganz alleine.

*

Ankommen, das:

„Die Vorsitzende der EKD beklagte auf dem Kirchentag, dass noch nicht alle Menschen im nötigen Maße in der Welt des 21. Jahrhunderts angekommen sind."

Da ist es nur gut, dass dies die modernen Institutionen der beiden Amtskirchen und der etablierten Parteien geschafft haben. Das belegen schon alleine ihre sprudelnden Mitgliederzahlen. Bei solcherlei Aussagen der moralischen Gralshüter werden schwere Verbrechen begehende Menschen in unserem Land (▶ Menschen in unserem Land), wie z.B. islamistische Terroristen oder rechtsterroristische Gruppen wie der NSU bedauerlicherweise oft ausgeklammert. Dabei sind sie es, die zwar physisch überdeutlich, mental aber in der Tat gar nicht in unserer westlich-demokratischen Gesellschaft angekommen sind. Die Aussagen beziehen sich sodann eher auf deutlich harmlosere Dumpfbacken wie bierselige CSU-Raubauze, kreditkartenmassierende FDP-Betriebswirte und im Hinterwald beheimatete AfD-Dauercamper.

*

Ansage, die klare:

"Die Ernährungsberaterin Friederike Kamphausen macht eine klare Ansage an alle Fett- und Zuckeresser. Fünf Dinge, die ihr dazu jetzt wissen müsst."

Erstens: Vorname Friederike.
Zweitens: Nachname Kamphausen.
Drittens: Ernährungsberaterin.
Viertens: Botschaft ist Vorbehalt gegen Fett und Zucker.
Fünftens: Mission ist die klare Ansage.

Kurioserweise sind Artikel mit solchen Überschriften selten Einspalter.

Tipp: In diesem Bereich muss für Sie als Journalist ausnahmsweise die Devise gelten: Von den Amerikanern lernen heißt siegen lernen. Dieser mittlerweile selbst in unseren niveaugetränkten Breiten untergegangene „Huffpost"-Deutschland-Top-News-To-Go-Journalismus (▶ Top-News-to-Go) besaß genau jenes Level, auf das wir unseres unbedingt weiter reduzieren müssen.
Was fehlt uns dazu noch?
Zunächst die vertrauliche Per-du-Anrede des Kollektivs der Netzgemeinde (▶ Netzgemeinde, die). Diese Beziehungskiste schafft die Einheit des Guten, indem es ihm informell-moderne Methoden der Unterhaltung zuschreibt. Weiter reduziert dieses

Stilmittel die journalistischen Schnappatmungen, die bei konventionell gehaltenen und neutralen Schlagzeilen wie „Die CSU schießt wieder gegen die Kanzlerin" beim Leser rezipiert und mit der richtigen Gesinnung auch produziert werden. „Die Kanzlerin macht eine klare Ansage: drei Sachen, die ihr jetzt über Seehofers Abschiebepläne wissen müsst" enthated und entmilitarisiert schon ganz erheblich. Das „jetzt" kommt quasi aus der Werbewirtschaft und übersetzt sich dort als „sichern": „Sichern Sie sich jetzt Ihren Rundum-sorgloskanzlerinnenrat!" Im Bereich des Huff-Post-Journalismus besagt das „jetzt" also abstrakt: Wenn ihr unsere drei Katechismen des Guten nicht sofort in euren Schädeln sichert, seit ihr nicht nur politisch inkorrekt und doof, sondern vor allem unangesagt. Die „klare Ansage" unterstreicht das alles, da sie von vornherein alle Alternativen bestenfalls als „Herumeierei" stigmatisiert.

*

Anspannung, die bleibende:

„Die Lage bleibt angespannt."

Glücklicherweise. Andernfalls wäre die Lage für Sie als Journalisten von nur geringer Bedeutung.

Anzählung, die deutliche:

„Der Daimler-Benz Vorsitzende ist nach dem A-Klasse Debakel (▸ Debakel) deutlich angezählt. "

Wenn eine hochgestellte Persönlichkeit aus Wirtschaft oder Politik falsche Entscheidungen trifft und in der Folge ein Unternehmen ins Schlingern gerät bzw. eine Wahl verloren geht, wird der Betreffende, wenn oft auch nur vorübergehend, abgestraft (▸ Abstrafung), womit er angezählt ist (▸ Anzählung). In diesem Falle sollte er zunächst vehement abstreiten und zu gegebener Zeit einräumen (▸ Einräumung) (zugeben wäre zu plump) einen Fehler begangen zu haben. Sollte in diesem Fehlverhalten allerdings Geld zum Zwecke der persönlichen Bereicherung im Spiel gewesen sein, fällt die Abstrafung harscher und vor allem nachhaltiger aus je niedriger der Geldbetrag ist. Ein Bundespräsidenten, dem auf dem Oktoberfest eine Maß Bier ausgegeben wird, reicht für einen medialen Vernichtungskrieg absolut aus. Dagegen wird die milliardenschwere Verschwendung von Steuergeldern vom Bund der Steuerzahler zwar regelmäßig angemahnt (▸ Stimmen, die mahnenden) aber sie wird im Allgemeinen deutlich milder, wenn überhaupt abgestraft.

Ob ein Politiker leicht oder deutlich angezählt ist, bleibt weniger der Zahl der Kritiker unter den Wählern, sondern der Diskretion mancher zuweilen voneinander abschreibender Journalisten überlassen.

Appell, der eindringliche:

„Die Münchner Geberkonferenz endete mit einem eindringlichen Appell an alle Mitgliedsstaaten."

Für gewöhnlich wird es bei diesem Appell belassen, der eigentlich Millionen an Hilfsgelder für Notleidende in den Krisenregionen der Erde einbringen soll. Wenig später wird regelmäßig etwas enttäuscht konstatiert, dass nicht alle Zusagen eingehalten wurden. Damit die Welt noch friedlicher wird, kommen dagegen im selben Zeitraum viel unproblematischer Rüstungsexporte in Milliardenhöhe an totalitäre Regime zustande.

*

Atmosphäre, die fruchtbare:

„Die Gespräche fanden in fruchtbarer Atmosphäre statt."

Sicher, Politiker können mehr oder minder schwere Sexskandale am Halse haben. Dass aber schon die Gesprächsphase in horizontaler Lage abgehalten wird, kommt doch als ein veritabler Schock. Andererseits ist heute nichts mehr auszuschließen.

Tipp: Verwenden Sie andere Phrasen, denn für die Journalistenbranche gilt: Make war, not love!

*

Atmosphäre, die konstruktive:

„Die Gespräche fanden in konstruktiver Atmosphäre statt."

Je konstruktiver diese Gespräche sind, desto kontroverser und ergebnisoffener (▸ Diskussion, die ergebnisoffene) sind die streitbeladenen Verhandlungen.

*

Aufklärung, die brutalstmögliche:

„Der hessische Ministerpräsident forderte im Zusammenhang mit der Spendenaffäre die brutalstmögliche Aufklärung."

Je weniger sich der Politiker die Aufklärung wünscht, desto brutalstmöglicher wird sie gefordert und nicht ausfallen (▸ Forderung, die).

Aufruf, der:

„Der Bundespräsident rief in seiner Rede zu mehr Zivilcourage / Umweltbewusstsein / Toleranz / Verständnis zwischen Ost- und Westdeutschen, bzw. zu weniger Rassismus / Egoismus / Uneinigkeit / nationalen Alleingängen auf."

Der Inhalt des Aufrufes ist variabel und passt sich der jeweiligen Tageslosung an. All' den aus dem Schloss Bellevue schallenden Aufrufen ist ein gewisser Drang zur Binsenweisheit gemeinsam. Fraglich ist allerdings, ob die Adressaten durch die Aufrufe überhaupt erreicht werden. Denn die Deutschen können zwar zu etwas aufgefordert werden, aber sie können durch allerlei Umstände, z.B. Rasenmähen, Autowaschen, Grillen oder Biertrinken verhindert sein, dem Ruf zu folgen.

*

Aufstand der Anständigen, der:

„Der Bundeskanzler forderte indessen einen Aufstand der Anständigen."

Früher definierte sich ein Aufstand als eine Erhebung von unten, die sich gegen einen politischen, wirtschaftlichen oder sozialen Missstand richtete. Heute ist dieser Aufstand der Anständigen in Deutschland in Form und Ausrichtung etwa eines Aufrufs (▸ Aufruf, der) des Bundespräsidenten mit regelmäßig wiederkehrenden Demonstrationen „für Toleranz und gegen Rassismus" (▸ Für Toleranz und gegen Rassismus) oder mit „Rock gegen Rechts" (statt Rechtsextremismus!) institutionalisiert und kommt von oben. Schon die fehlende Sponti-Komponente eines echten Aufstands fehlt dabei völlig.

Ähnlich deppert wie „Rock gegen Rechts" wäre auch „Rock gegen Links" und „Rock gegen die Mitte". Aber wer weiß schon, welche Musik die in der Mitte hören.

*

Aus, das:

„Dem ehrgeizigem Projekt droht das Aus. "

Irgendwas droht immer - und wenn es nur „das Aus" ist. Dabei wäre es viel hübscher, wenn einem Projekt auch mal das An oder - realitätsnäher - das Auf und Ab drohen würde.

Wobei man sich bei diesem drohenden Aus tatsächlich fragen kann, worum es sich dabei im Einzelnen handeln mag, womit es droht und ob es auch nur annähernd so furchtbar ist wie das allesverschlingende Nichts aus Michael Endes Unendlicher Geschichte.

*

Ausschluss, der kategorische:

„Die Koalition schließt Steuererhöhungen nicht mehr kategorisch aus."

Sprich: Die Sache ist bereits in trockenen Tüchern (▸ Tücher, die trockenen).

*

Aussitzen, das:

„Der Kanzlerin wird vorgeworfen, das Problem lediglich auszusitzen."

Wenn das Problem dadurch verschwindet, es also am Ende von niemandem wahrgenommen oder von keinem mehr darüber gesprochen wird, könnte man von einer gelungenen Strategie sprechen und endlich erkennen, dass das Problem gar keins war.

Tipp: Es ist selbstredend, dass Sie niemals von einem gefundenen Kompromiss oder von einem gelösten Problem schreiben, besonders dann nicht, wenn ein Kanzler involviert ist. Denn Politiker sind in den Augen der Presse Aussitzer vor dem Herrn.

*

B

Bedeckthaltung, die:

„Der Minister warb indessen für Transparenz, hielt sich selbst aber bedeckt. "

Eine andere Umschreibung für den hypothetischen Fall, dass ein Politiker viel redet, dabei aber nichts sagt.

*

Beitrag, der:

„Der deutsche Beitrag ging leer aus. "

Wenn das nicht ein Grund ist Alarm zu schlagen (▸ Alarm, der geschlagene). Der Beitrag eines Volkes, das sich, metaphorisch gesprochen, als das Lehrerzimmer der Welt gebiert, sich damit in allem als das letzte Wort habend versteht und glaubt, in jedem Bereich ein Weltmeister sein zu müssen (im Belehren und Moralisieren sicher auch einer ist), kann doch unmöglich leer ausgehen.

Bilanz, die positive:

„Die Regierung zog eine positive Bilanz."

Eigenlob stinkt zwar, doch in der Welt der Politik ist es ein Wohlgeruch. In einzelnen Fällen kann die Selbstgefälligkeit sogar bis zur Selbstbeweihräucherung führen. Zum Glück aber lösen sich solche Rauchwerke (vereint mit den entsprechenden Regierungskoalitionen) früher oder später in Luft auf.

*

Bilanz, die verheerende:

„Die Opposition zog eine verheerende Bilanz."

Laut Empedokles kann Gleiches nur von Gleichem erkannt werden, oder: was man erkennen will, muss man werden. Anders gesagt: Man wird oft den Verdacht nicht los, dass die Opposition, säße sie auf der Regierungsbank, genau dieselben Beschlüsse fassen würde, die sie von der sicheren Zuhörerposition aus jedoch so vehement kritisiert.

*

Bröckeln, das:

„Der Rückhalt des Ministers bröckelt."

Wenn nicht mehr nur der Keks oder das Knäckebrot bröckelt, sondern der Rückhalt ist die Lage für einen Politiker schon prekär. Mit hoher Wahrscheinlichkeit fallen sogar schon Späne, da auch eifrig an seinem Stuhl gehobelt wird. Das Bröckeln, Hobeln und Sägen setzt dann ein, wenn Parteifreunden schwant, dass allzu viel Rückendeckung für den Kollegen der eigenen Parteikarriere hinderlich sein könnte. Aus diesem Grunde sah sich schon so mancher Minister schneller allein gelassen als der Soldat, der nur mal eben den komischen Sicherungsstift aus der Granate ziehen wollte.

*

Brückenbauen, das:

„Der Papst rief in Rom gegen Spaltung und zum Brückenbauen auf."

Brücken werden heute nicht mehr lediglich von Ingenieuren und Bauarbeitern gebaut, sondern in erster Linie von Persönlichkeiten des öffentlichen Interesses. Die Überquerung der Brücke gelingt ihnen, da sie sich auch im Besitz des moralischen

Kompasses wähnen, den ihre Gegner angeblich verloren haben. Oder anders ausgedrückt: Die politischen Kontrahenten werden im Zuge der eifrigen Brückenbauarbeiten zu unerbittlichen Feinden der Demokratie erklärt.

*

Buntheit, die:

„Auf der Mannheimer Demo wurde zu mehr Buntheit aufgerufen."

Bunt bleibt und noch bunter wird Deutschland, wenn man unter dem Slogan „Wir lieben Flüchtlinge" hunderttausende Einwanderer, die mit größten Hoffnungen für ihre Zukunft ins Land gekommen sind, vorübergehend oder dauerhaft in Containern in Industriegebieten unterbringt, während in den Straßen des selben Gewerbeparks der rechte Mob tobt und die Demokratie generell in Frage gestellt wird.

*

C

Chaos, das:

„Zum Urlaubsbeginn droht auf den deutschen Straßen das Chaos."

Eine in der deutschen Politik- und Medienszene ganz und gar unverzichtbare Vokabel. Ob Schneechaos, Verkehrschaos, Wetterchaos oder Politchaos: Nichts erschreckt den Wähler und Medienrezipienten mehr, als die bloße Wahrnehmung von Verhältnissen, die nicht in Reih´ und Glied stehen könnten.

*

Charme-Offensive, die:

„Nordkorea startet eine Charme-Offensive."

Große politische Anführer, die tief aus dem Becher der Diplomatie getrunken haben (John F. Kennedy, Abraham Lincoln oder Papa Schlumpf) wussten schon immer, dass man dann und wann nur als

Charmeur ans Ziel seiner politischen Wünsche kommt. Freilich mit dem versteckten Knüppel hinter dem Rücken für den Fall, dass alles Augenklimpern nichts hilft. Dabei muss es ja nicht gleich die ganz harte Eiche sein, oft reicht Birke schon aus („ganz weich", wie Don Camillo bemerkte, bevor er Peppone einen Besuch abstattete).

*

Chefsache, die:

„Die Bundeskanzlerin will die Steuerreform zur Chefsache machen."

Das Projekt steht also auf wackligen Beinen und ist schon zum Scheitern verurteilt.

*

D

Dax, minusdrehend und Verluste ausbauend:

„Der DAX drehte ins Minus und baute seine Verluste aus."

Was auf den ersten Blick anmutet wie die ekstatische Äußerung eines LSD-Konsumenten, entpuppt sich bei näherem Hinsehen als eine Mitteilung aus dem geheimnisvollsten Teil jeder Nachrichtensendung: dem Börsenbericht. Die Börsianer verfügen (wie alle Außerirdischen) über eine Sprache, die für uns Normalsterbliche unverständlich bleibt. Noch weniger als über ihre Sprache wissen wir über ihr Liebes- und Balzverhalten. Ob sich geschlechtsreife Börsianer mit Dividendenausschüttungen imponieren wollen oder sich bei Kerzenlicht gegenseitig die Rohstoffpreise vorlesen, entzieht sich unserer Kenntnis. Kommentieren wir den Planeten Börsia deshalb nicht länger, sondern seien wir lieber im Stillen dankbar für diese Phrase, die in ihrer surrealen Schönheit einzigartig ist.

*

Debakel, das:

„Der Partei droht ein Debakel."

Nach dem Chaos (▸ Chaos, das) womöglich die zweitwichtigste Phrase des panisch-medialen Komplexes.
Jeder Partei droht regelmäßig irgendetwas. Ein Debakel, ein Menetekel, ein völliges Verschwinden (und schrieb und schrieb an weißer Wand Buchstaben von Feuer, und schrieb und schwand). Solchen schlimmen Vorzeichen ist immer eines gemeinsam: Die betroffene Partei steht spätestens zur übernächsten Wahl da wie eine Eins, feiert sich selbst und liefert wieder (▸ Lieferung, die).

*

Debatte, die befeuerte:

„Die neueste Studie befeuert die Debatte um die Bildungspolitik."

Die Menschen werden immer dümmer. Was kann man machen, damit's keiner merkt? Mit den Phrasen in diesem Handbuch hat man ein geeignetes Werkzeug, um Unwissenheit elegant zu kaschieren.

Denkverbot, das:

„Ein Denkverbot soll es nicht geben.“

Ein Problem wird immer dann ohne Denkverbote oder sogar ergebnisoffen diskutiert (▶ Diskussion, die ergebnisoffene), wenn das Thema entweder ohnehin reichlich unkontrovers ist oder wenn es darum geht, den Bürger auf etwas für ihn Unangenehmes, wie etwa eine Steuererhöhung, vorzubereiten.

*

Diskurs, die Teilnahme am:

„Die Grünen-Vorsitzende bestand darauf, dass eine Partei mit solch' einer Grundausrichtung nicht am demokratischen Diskurs teilnehmen dürfe.“

Ein Schelm wer bei solchen Aussagen an genau das denkt, was man vor ungefähr 40 Jahren über die damals junge Partei der Grünen sagte.

Tipp: Weil schon längst bekannt, nur noch einmal in der gebotenen Kürze: ob grün, statt, links, Schill, Pirat oder alternativ: sobald neu, dann rechts. Das bewährte Mittel zur Plattmachung neuer Konkurrenz.

Diskussion, die ergebnisoffene:

„Indessen wurde die Diskussion ergebnisoffen geführt."

Schön, dass man heute von vornherein klarstellt: Eine Lösung ist ausgeschlossen.

Tipp: Da Demokratie heute immer weniger von breiten Diskussionen und anschließenden Mehrheitsentscheidungen geprägt wird, sondern mehr von der Idee alle Menschen irgendwie „mitzunehmen" oder „abzuholen" ist es gut, wenn Sie einsehen, dass es erst gar nicht mehr zu Ergebnissen zu kommen braucht.

*

E

Einmütigkeit, die seltene:

„Die Parteispitze schart sich in seltener Einmütigkeit um ihren Parteivorsitzenden."

Falls diese Zustandsbeschreibung auf die CDU gemünzt sein sollte, dann ist „selten" ein Euphemismus, denn dort scharen sich immer alle einmütig um den Parteivorsitzenden, egal wie deppert er (oder sie) ist.

*

Einräumung, die:

„Der Minister räumte ein, dass an den aktuellen Regeln noch Verbesserungsbedarf bestehe."

Kein anständiger Politiker wird jemals etwas zugeben, geschweige denn etwas gestehen. Das Zugeben und Gestehen bleibt Vertretern von Schurkenstaaten und republikanischen US-Präsidenten vorbehalten. Jeder Politiker, der etwas auf sich hält, räumt allerhöchstens ein kleines Versäumnis ein; und das auch nur dann, wenn die Beweislage derart erdrückend ist, dass ein weiteres Abstreiten die Forderung nach weitreichenden Konsequenzen nur verschlimmern würde (▸ Konsequenzen, die geforderten und weitreichenden).

Tipp: Befreundete Staaten räumen ein; Schurkenstaaten, Vladimir Putin, Donald Trump (George W. Bush, Ronald Reagan, Richard Nixon) oder Kater Karlo haben zuzugeben.

*

Eiszeit, die:

„Dem Vernehmen nach droht den amerikanisch-russischen Beziehungen eine neue Eiszeit. "

Da behaupte noch einer, dass es den Klimawandel nicht gäbe. Auf dem diplomatischen Parkett verlaufen die Wechsel zwischen den Erdzeitaltern definitiv sehr schnell. Unter Umständen vergehen zwischen Kuschelkursikum und Darthvaderitikum nicht mehrere Millionen Jahre, sondern nur Momente. Vor allem dann, wenn Donald Trump mal wieder die sozialen Medien bedient. Also erst recht ein Grund, kühlen Kopf zu bewahren und keinen heißen Herbst herbeizureden (▸ Herbst, der heiße).

Eklat, der:

„Die Äußerungen des Ministers sorgten für einen parteiübergreifenden Eklat."

Der Eklat reicht vom starken Gegenwind (▸ Gegenwind, der) bis zum veritablen Shitstorm (▸ Shitstorm, der) nicht nur in der Netzgemeinde (▸ Netzgemeinde, die), sondern auch bei Gewerkschaften, Kirchen und Verbänden (▸ Gewerkschaften, Kirchen und Verbände).

*

Empörung, die einhellige:

"Der Tweet des AfD-Rechtsaußen sorgte für einhellige Empörung der Netzgemeinde"

Wenn an der Börse die helle Panik (▸ Panik, die helle), in Sachsen der blanke Hass (▸ Hass, der blanke) und an den Finanzmärkten die totale Nervosität (▸ Finanzmärkte, die nervösen) regiert, ist es in der Netzgemeinde die Empörung.

Tipp: Vermeiden sie jede Entspannung am Ende Ihrer Artikel. Spalten Sie! Der Leser wird es Ihnen mit Schaum vor dem Mund und einer höherer Auflage danken.

Entrüstung, Sturm der:

„Für seine Äußerungen erntete der Abgeordnete einen Sturm der Entrüstung."

Der Sturm der Entrüstung ist mittlerweile veraltet und durch den Shitstorm ersetzt worden (▸ Shitstorm, der). Auch bei Kraftausdrücken muss man mit der Zeit gehen.

*

Entschärfung, die:

„Ergiebige Verhandlungen haben die Differenzen der Koalitionäre entschärft."

Das Arsenal an militärischen Begrifflichkeiten kennt in unserem deutschen medialen Politikquatsch nicht einmal in Zeiten der Political Correctness eine Obergrenze (▸ Obergrenze, die).

*

Entwarnung, die:

„Einen Grund zur Entwarnung gibt es nicht.“

Tipp: Im Interesse einer hohen Auflage übernehmen Sie diesen Satz bitte so oft wie nur irgend möglich.

*

Entzauberung, die:

„Der Abgeordnete betonte, dass man die AfD und die Linkspartei in ihrem Populismus stellen und entzaubern müsse.“

Obwohl man sie eigentlich erst einmal verwünscht, entzaubert man unliebsame Oppositionsparteien verbal und zunehmend auch tätlich, wofür dann diejenigen zuständig sind, die Gesicht zeigen (▸ Gesicht zeigen, das). Einige Parteien in der bundesdeutschen Geschichte finden sich bei ihrer Entzauberung jedoch eher unter einem magischen Dauerbann, der so lange anhält, bis sie dereinst zum opportunen Mehrheitsbeschaffer dienen. Lange spielten die Grünen und später dann die Linkspartei diese Rolle.

Tipp: Verteufeln Sie jede neue Partei. Rücken Sie sie entweder ins steinzeitkommunistische Spektrum

Pol Pots oder besser noch ins rechte Spektrum und dort gleich auf die Stufe des Nationalsozialismus. Bedenken Sie jedoch von Anfang an: Schon einige Jahre nach Gründung der Partei sollten Sie genauso entschlossen betonen, dass man keinesfalls alle Parteimitglieder über einen Kamm scheren darf. Spätestens dann ist die Partei Teil des etablierten Parteienspektrums und womöglich schon bald eine der Parteien, deren Vorsteher die Eigenschaft besitzen, Regierungsangehörige zu sein und damit auch Ihrem Blatt die heißbegehrten Interviews geben. Die Zeit der Verteufelung können Sie dann romantisch verklären und versöhnend feststellen, dass man schon immer um die demokratische Grundausrichtung der Partei gewusst habe. Wenn die Dinge soweit sind, hat sich mit Sicherheit auch schon wieder eine neue Partei gegründet, die für ein paar Jahre den Part des antagonistischen Bösewichts spielen kann.

Diese nachträglichen Rechtfertigungen haben in Deutschland Tradition, denn schon Großmutter wusste, dass man von nichts wusste.

*

Erdbeben, das politische:

„Bei den Vorwahlen gab es ein politisches Erdbeben."

In der bundesdeutschen Demoskopie kann diese brachiale seismische Aktivität schon aufgrund einer wöchentlich durchgeführten Umfrage zur Bundestagswahl evozieren. Bei dieser zeigen sich dann phänomenale Veränderungen, z.B. dass die Union in der Wählergunst (▸ Wählergunst, die) im Vergleich zur Vorwoche drastisch um einen ganzen Prozentpunkt eingebrochen und die FDP um einen Punkt in die Höhe geschossen ist.

Tipp: Wenn es nichts zu berichten gibt, dann berichten Sie nicht nicht, sondern kommentieren Sie dies.

*

Europäer, der glühende:

„Der neue deutsche Parlamentspräsident bezeichnete sich in seiner Antrittsrede selbst als glühenden Europäer."

Dass die Glut der Leidenschaft auch schnell zu Feuer und Zerstörung führen kann, zeigt der „Ash heap of history" (Magret Thatcher) immer wieder. Also bloß nicht lange fackeln!

*

Experten, die:

„Experten betonen inzwischen, dass kein Grund zur Panik bestehe."

Wenn es in Deutschland von Seiten der Experten heißt, dass es keinen Grund zur Panik gäbe, dann tut man zwar den Experten einen Gefallen, da sie bei den vielen Entwarnungen niemals arbeitslos werden dürften, der Presse aber nur bedingt, weil Panik (▶ Panik, die helle) die Auflage der Zeitung und das (Un)Wohlbefinden der Rezipienten steigert.
Panik ist in Deutschland zu Recht ein Dauer-zustand. Vor allem wenn man an die brachialen Schäden von Epidemien wie der Rinderseuche, Influenza und H5N1 oder an Katastrophen wie das totale Waldsterben und den Tsunami mit dem sich anschließenden nuklearen Fallout denkt. Der Walchensee-Hurrikan „Edmund" und das nächste Oktoberfest bieten aber auch noch Potential.

Tipp: Wenn Sie einen Experten zitieren, dann vermeiden Sie die Vorsilbe „Ent" vor Warnungen bitte noch konsequenter.

Fake News, die:

„Der Staatssekretär betonte, dass man gegen Fake News, wie z.B. der Behauptung, dass der öffentlich-rechtliche Rundfunk Lügenpresse sei, mit aller Härte (des NetzDG) vorgehen müsse."

Übersetzt man allerdings „Fake News" ins Deutsche trifft es der Begriff „Lügenpresse" ganz gut.

Man beachte: „Fake News" sind in linken Kreisen (▶ Kreise, die) immer irgendwie ein stückweit „Hitler". „Lügenpresse" dagegen ist der Endkampf der Rechten gegen die Presse der Linken. Damit sind „Fake News" und „Lügenpresse" völlig verschiedene Dinge, wobei es aus der einen Richtung schallt: „Eure 'Fake News' entspringen eurer 'Lügenpresse' und aus der anderen: „Eure 'Lügenpresse'-Vorwürfe sind 'Fake News'". Wen wundert es da eigentlich, wenn sich viele ob solcher Zustände „Alternativen Fakten" wünschen?

Zusammenfassend kann man sagen, dass hinter dem Begriff „Lügenpresse" eine faschistische Vernichtungskampagne gegen die freie Presse steckt, während der „Fake News"-Vorwurf grundsätzlich die revolutionär-kommunistische Weltverschwörung zu enttarnen glaubt. Da bleibt nur zu konstatieren, dass das Pressewesen des 21. Jahrhunderts immer ausgewogener wird.

Merke: Wer heutzutage behauptet, dass weite Teile der deutschen Presselandschaft unterschiedliche Perspektiven, analytische Differenzierungen und Meinungsvielfalt liefern, kolportiert „Fake News", betreibt „Lügenpresse" oder verbreitet „Alternative Fakten". In diesem Fall darf man es sich tatsächlich aussuchen.

Tipp: Achten Sie bei der Verwendung der Begriffe „Lügenpresse", „Fake News" und „Alternative Fakten" einstweilen genau darauf, welche politische Grundausrichtung Ihre Zeitung hat. Denn einzig darauf kommt es in diesem Kontext an.

*

Fassungslosigkeit, die parteiübergreifende:

„Die Aussagen riefen parteiübergreifende Fassungs-losigkeit hervor."

Tipp: Verwenden Sie diese Phrase vorzugsweise dann, wenn eine Aussage die Zustimmung der Allgemeinheit findet.

Fehlstart, der klare:

„Die Opposition sprach von einem klaren Fehlstart der Regierung. Die Regierung dagegen sprach von positiven ersten 100 Tagen."

Tipp: Versäumen Sie nicht auf diesen überraschenden Gegensatz hinzuweisen.

*

Filterblase, die:

„Der Gesundheitsminister warf der SPD vor, nicht aus ihrer Filterblase heraustreten zu wollen."

Leserfrage: Lieber Leser, können Sie definieren was eine Filterblase sein soll? Bitte, schreiben Sie uns.

*

Finanzmärkte, die nervösen:

„Die Finanzmärkte reagierten nervös."

Abgesehen davon, dass die Wall Street oder die Tokioer Börse nur schwerlich in einem gelassenen und friedlichen Ruhezustand vorstellbar sind, spiegelt diese Phrase die beliebte Gewohnheit wider, unbelebte Gegenstände mit menschlichen Gemütszuständen auszustatten. Wesen und Ziel dieser Phrase ist es, einen für die meisten Leser abstrakten Kontext in das verständlichere Bild eines Zappelphilipps zu verwandeln.

*

Flächenbrand, der:

„Der Außenminister warnte vor der Gefahr eines Flächenbrandes im Nahen Osten."

Auch wenn in der Wüste schwerlich etwas glimmt, scheint es medial dennoch stets bei den Arabern auf großer Fläche zu brennen. Vielleicht hat das damit zu tun, dass als Vermittler zwischen Israel und seinen arabischen Nachbarn ein glühender Europäer (▸ Europäer, der glühende) unterwegs gewesen ist.

Tipp: Da das Wort „Flächenbrand" in seinem dynamischen Panikpotential fast unersetzlich ist, böte es sich an, einen solchen einmal aus dem Nahen Osten heraus in andere Regionen der Welt zu exportieren. Man könnte sich dabei mit einer gehörigen Portion Phantasie auch den australischen Busch oder Kaliforniens Wälder vorstellen.

Forderungen, die:

„Die Grünen-Vorsitzende forderte mehr Engagement für den Umweltschutz"

Es ist interessant zu sehen wie viel heute gefordert, und wie wenig implementiert wird. Es scheint gerade so als ob die bloßen Forderungen schon das Amen in der Kirche seien.

*

Freundlichkeit, die:

„Morgen überwiegend freundlich."

Tipp: Beschränken Sie das Vorkommen dieses Wortes ausdrücklich auf den Wetterbericht.

*

Front, die geschlossene:

"Die Partei steht in geschlossener Front hinter ihrem Vorsitzenden."

Mit dem militärischen Jargon lässt sich deutlich mehr Deutscher Staat machen als mit der

"Freundlichkeit" (▶ Freundlichkeit, die) oder einem "Grund zur Freude" (▶ Grund zur Freude).

*

Fronten, die verhärteten:

„Bei den Verhandlungen sind die Fronten verhärtet."

Wenn uns diese Wortkombination nicht endgültig zu den schweren Waffen ruft, welche dann?

Tipp: Falls Sie das in Zukunft noch steigern möchten, verwandeln Sie die Fronten in veritable Stellungskriege.

*

Furcht, die wachsende:

„Die Furcht vor einer Eskalation wächst."

Und damit auch die Auflagenzahlen.

*

Für Toleranz und gegen Rassismus:

„In seiner am Sonntag gehaltenen Rede sprach sich der Kardinal für mehr Toleranz und gegen Rassismus aus."

Nicht selten gipfelt ein solch' hehres Verlangen in einen Aufruf (▸ Aufruf, der) durch den Bundespräsidenten.

Der Inhalt eines solchen Aufrufs ist dabei für die große Mehrheit unumstritten. Die Frage ist, wer damit angesprochen werden soll.

Rechtsextreme Rassisten? Sehr gut, solange man von der Sache nicht greifbare Ergebnisse in Form geläuterter Rechtsextremer erwartet, die auf einmal glaubhaft versichern, ihren Standpunkt gründlich zu evaluieren und ihre Geisteshaltung in edlere Gefilde zu konvertieren. Der Aufrufer sollte daran denken: Durchschnittliche Intolerante und/oder Rassisten wissen nicht, was „evaluieren" bedeutet. Noch entscheidender: Es entzieht sich der Dumpfbacke ganz grundsätzlich die Erkenntnis, dass sie intolerant und/oder rassistisch ist, eben weil sie von vornherein nicht das schärfste Werkzeug im Regal darstellt. Schlimmer noch: In vielen Fällen halten sich Intolerante und/oder Rassisten ganz im Gegenteil für die qualifiziertesten Denker, denen das erfolgreiche Ausstellen eines Mitgliedsantrags bei der NPD bereits als intellektuelles Erfolgserlebnis gilt.

Erstrecken sich allerdings die Adressaten eines solchen Aufrufs im Übereifer des guten Willens auf das Gros des Bürgertums, welches sich über bestimmte politische Entwicklungen Gedanken macht, sind Intoleranz- und Rassismusvorwürfe nicht nur obsolet, sie sind dann v.a. lediglich platte und diskursverweigernde und in Konsequenz antidemokratische Provokationen, die den angeklagten Zustand nicht nur nicht beheben, sondern sogar noch weiter befördern.

Tipp: Hören Sie sich genau nach Aufrufen um, denn mit diesen regelmäßig erscheinenden moralischen „Nobrainern" können Sie problemlos Spalten füllen.

*

G

Gangart, die härtere:

„Nun muss man mit einer härteren Gangart rechnen."

Heutzutage müssen alle diejenigen mit einer härteren Gangart rechnen, die millionenschwere Steuerhinterziehung von Großkonzernen zur Anzeige bringen oder in heimtückischer Weise versuchen, ertrinkende Menschen aus dem Mittelmeer zu retten. Beide Vergehen sind unentschuldbar und führen geradewegs hinter Gitter.
Bei Monty Python war die Gangart albern. Die sah zwar meschugge aus, war aber wesentlich sympathischer.

*

Gegenwind, der starke:

„Trotz starken Gegenwinds aus seiner Partei bestand der Kanzler auf der Ministerliste.“

Für Verkehrsmittel ist der Gegenwind im Allgemeinen nachteilig, für einen gewieften Politiker aber zum eigenen Vorteil nutzbar. Das Interesse der Medien für jeden, der mit dieser Naturerscheinung zu kämpfen hat, kann dem Ansehen des hochkarätigen Politikers langfristig nur förderlich sein. Außerdem ist es bekanntlich für schwergewichtige Minister oder Großraumflugzeuge von Vorteil, während des Start- und Landevorgangs durch Gegenwind unterstützt zu werden.

*

Geisterbeschwörung, die:

„Auf ihrer Klausurtagung beschwor die CSU den Geist von Kreuth.“

Was die Frage aufwirft, ob die CSU aus einem kleinen, verschworenen Kreis von Okkultisten besteht.

Tipp: (Geister)Beschwörungen sind fast immer so erwähnenswert wie Aufrufe (▶ Aufruf), nur dass sie unter Umständen tatsächlich einen Adressaten begeistern können, zumindest wenn dieser über die Parteipolitik hinaus keine anderen Hobbys hat.

*

Geldbeutel, der geschonte:

"Mit der neuen Verordnung soll der Geldbeutel der Verbraucher geschont werden."

Die Schonung hängt doch stark vom Habitat ab. Wo der Geldbeutel des Verbrauchers geschont werden soll, wird die Kreditkarte des Steuerzahlers meistens stark massiert.

*

Gemeinsamkeiten, die aufgebrauchten:

„Die Gemeinsamkeiten von SPD und Union sind aufgebraucht."

Natürlich kann man SPD und CDU/CSU nicht miteinander vergleichen. Die Union hat noch Wähler.

Generalverdacht, der:

„Internetnutzer, Pflegedienste, Muslime, Metzger und Mafiaangehörige dürfen nicht unter Generalverdacht gestellt werden."

Im Zeitalter des Individualismus ist der Generalverdacht verboten, es sei denn man behauptete, dass blau eine Farbe sei, die zu jeder genuinen politischen Buntheit gehöre.

Tipp: Unter Generalverdacht wird an sich ständig gestellt, nur darf er nicht nur nicht so genannt werden, er muss auch konsequent bestritten werden.

*

Gerechtigkeit, die soziale:

„Der SPD-Vorsitzende kritisierte die Pläne der Regierung als sozial ungerecht."

Tipp: Wenn Sie kein Argument mehr haben, dann schreiben sie einfach, dass etwas sozial ungerecht ist. Damit stehen sie so gut wie immer irgendwo auf der richtigen Seite.

*

Gesamtdeutsch:

„Es ist ein gesamtdeutsches Phänomen. "

Diesen Satz können Sie immer dann hervorzaubern, wenn Sie davor warnen wollen, ein (üblicherweise negatives) Ereignis allein der ost- bzw. westdeutschen Bevölkerung anzulasten.
"Glücklich ist, wer das Wesen der Dinge ergründen kann", sagte Vergil. Und vielleicht ist sogar glücklich, wer ergründen kann, was um alles in der Welt ein "deutsches Phänomen" darstellen soll.

*

Geschäftsklimaindex, der sich aufhellende:

„Der Geschäftsklimaindex hellte sich auf. "

Ökonomische Kontexte sind komplex und vielschichtig. Da dies zunehmend in Vergessenheit gerät und moralistische Glaubenssätze in steigender Tendenz auch in der deutschen Wirtschaft Einzug halten, sind Metaphern der eher simpleren Bilder auch in diesem Bereich zum Gebot der Stunde des Journalismus geworden. Steigerungen sind immer möglich, man denke hier etwa an den durch schwere Waffenexporte gestützten blutigen Petro-Dollar als Zahlungsmittel des Bösen. Wie gut ist es in Zeiten von Trump und Brexit (▸ Trump & Brexit) dagegen einen nachhaltigen, klimaneutralen und vor allem weichen Euro zu besitzen.

*

Geschlossenheit, die demonstrierte:

„Die Partei demonstrierte Geschlossenheit."

Diese Phrase gewinnt an Deutlichkeit, sobald das Prädikat "demonstrieren" durch "spielen" ersetzt wird. Denn im Grunde genommen ist das Vorgaukeln von Geschlossenheit nichts anderes als ein Theaterspiel, welches besonders gerne auf Parteitagen zum Besten gegeben wird. Das Repertoire reicht von hoffnungsfrohen Gesichtern (zumindest solange eine Kamera in der Nähe ist) bis hin zur vorher genau festgesetzten Dauer des Beifalls im Anschluss an die Rede des Parteivorsitzenden. Mit solchen Mitteln hat sich schon so mancher Politiker unter Zeitvertrag in die nächste Theatersaison gerettet.

Tipp: Sollten Sie über eine Partei berichten, die nicht der politischen Grundausrichtung Ihres Verlegers entspricht, sprechen Sie ihr die Geschlossenheit ab. Nichts verfängt beim deutschen Wähler besser, obwohl man auch die Ausnahme von der

Regel konstatieren sollte, hat doch die traditionell so geschlossene SPD trotz medialer 100%-Schulz-Zug Berichterstattung nicht gerade den aufsteigenden Ast erreicht.

*

Gesicht, das gezeigte:

„Der Vorsitzende der katholischen Bischofs-konferenz rief dazu auf, Gesicht zu zeigen."

Gesicht zeigt man in Deutschland zuallermeist gegen Rechts. Der Meister in der Disziplin des Zeigens des vermummten Gesichts gegen Rechts ist bekanntlich die Antifa.

Tipp: Wenn Sie eine für Krawall werbende Demonstration des vermummten „schwarzen Blocks" fürs „Gesicht gegen Rechts zeigen" loben, dann versichern Sie sich bitte, dass auf der gleichen Seite der Zeitung nicht zur Einhaltung des gesetzlich vorgeschriebenen Vermummungsverbots bei Demonstrationen aufgerufen wird, wohl aber im Feuilleton die ittensche Farbenlehre (Buntheit) diesbezüglich diskutiert wird.

*

Gesprächsbedarf, der erhebliche:

„Vor der Unterzeichnung des Koalitionsvertrags sieht die SPD noch erheblichen Gesprächsbedarf."

Zyniker behaupten, dass einige Wähler diesen erheblichen Gesprächsbedarf nicht nur im Vierjahreszyklus erkennen.

*

Gezerre, das diplomatische:

„Es gab ein monatelanges diplomatisches Gezerre."

Das Gezerre ist so ähnlich wie das Tauziehen (▸ Tauziehen, das), nur viel unsportlicher.

*

Gift für die Konjunktur, das:

„Die Vorschläge der Grünen seien Gift für die Konjunktur und gefährdeten das zarte Pflänzchen Aufschwung."

Die häufige Aussage, wonach etwas „Gift für die

Konjunktur" sei, rezipiert sich am besten in Verbindung mit jenem Sprachbild, nach welchem ein „zartes Pflänzchen Aufschwung" durch eine Umweltschutzmaßnahme gefährdet würde. Das Beispiel zeigt die Nutzbarmachung von eingängigen Sprachbildern, die mit dem Profil des politischen Gegners assoziiert und für die eigenen politischen Zwecke ge- bzw. missbraucht werden können.

Tipp: Machen Sie das Gleiche. Wenn Sie für die taz arbeiten, können Sie beispielsweise die deutsche Leitkultur über die Mülltrennung definieren. Sind Sie bei der FAZ beschäftigt, dann insistieren sie darauf, dass alles sozial sei, was Arbeit schafft. Sind Sie bei der Huffington Post Deutschland beschäftigt, dann publizieren sie auf Seite eins die Überschrift „Fünf Dinge die ihr jetzt über Qualitätsjournalismus wissen müsst" und wenn Sie für die Junge Freiheit schreiben, dann weisen Sie darauf hin, dass die Grünen Deutschlands Untergang sind.

*

GroKo, die:

„ Es kommt zu einer Neuauflage der GroKo. "

Nein, es geht bei der GroKo nicht um Schnappi, das kleine Krokodil, sondern um das Bündnis der gar nicht mehr so großen Volksparteien CDU/CSU und SPD. Diese griffige Abbreviatur versinnbildlicht die geistige Verschnappisierung der Politik so authentisch wie die Tigerentenkoalition aus CDU und FDP.

Tipp: Politik erinnert heute in weiten Teilen schon aufgrund ihrer personellen Besetzung nicht mehr nur an eine Früherziehungstagesstätte, sondern an einen Inklusionskindergarten. Also lassen Sie schon alleine für die Integration dieses Adressatenkreises solcherlei Sprachbilder keinesfalls außer acht.

*

Großwetterlage, die politische:

„Die politische Großwetterlage bleibt schwierig."

Das politische Parkett kennt journalistisch lediglich zwei Wetterarten: Tauwetter und Eiszeit (▶ Eiszeit).

*

Grund zur Freude:

„Der Ministerpräsident sagte, dass es ein Grund zur Freude wäre, wenn die Menschen das Gefühl einer sicheren Rentenversorgung hätten. "

Der Grund zur Freude kommt im politischen Austausch in Deutschland grundsätzlich nur im Konjunktiv vor. Eine Tatsache, die zwangsläufig die Frage aufwirft, ob der deutsche Politiker an sich überhaupt zu Freude, Humor oder gar zur Selbstironie in der Lage ist. Entgegen eines weit verbreiteten Vorurteils lachen Politiker tatsächlich sehr viel und häufig – vor allem wenn der Parteivorsitzende gerade einen Kalauer gemacht hat, wird besonders demonstrativ herausgeprustet. Wer sich aber ernsthaft fragt, ob deutsche Politiker irgendeine Art von Humor besitzen, der möge sich nur einmal die jährlichen Büttenreden auf Karnevalssitzungen anhören. Bei dieser Gelegenheit wird man die betrübliche Antwort erhalten.

Tipp: Vermeiden Sie jede Form von Optimismus. Optimismus führt zur Freude. Freude führt zu Humor. Humor führt zu Gelassenheit. Gelassenheit führt zu zufriedenen und innerlich ausgeglichenen Lesern. Und diese führen zu Auflageneinbußen.
Die Sphären der schönen Phantasien haben spätestens dann ihre Obergrenze (▶ Obergrenze, die) erreicht, wenn erbauliche Dinge prognostiziert werden, wie zum Beispiel, dass es ein Grund zur

Freude wäre, wenn das Rentenniveau bis 2030 bei zehnprozentigen Beitragssteigerungen und bei einem Renteneintrittsalter von 75 Jahren nur um 30% zurückginge. Vergessen Sie bei solch´ freudigen Ausnahmeereignissen wie schon eingangs erwähnt niemals die Bemühung des Konjunktivs, denn schließlich hat es sich im Politikquatsch bei den schönen Dingen des Lebens lediglich um Utopien zu handeln.

*

H

Handlungsbedarf, der dringende:

„Kirchenvertreter räumten dringenden Handlungsbedarf ein."

Der dringende Handlungsbedarf wird durch die Versetzung des pädophilen Priesters in die Ministrantenvorbereitungsgruppe der Nachbargemeinde zur Überflüssigkeit.

*

Hängepartie, die wochenlange:

„Bei den Verhandlungen droht eine wochenlange Hängepartie."

Die Hängepartie tritt dann ein, wenn Gemeinsamkeiten zwischen bisherigen Koalitionspartnern aufgebraucht sind (▸ Gemeinsamkeiten, die aufgebrauchten). Im Falle der bisher längsten Hängepartie bei einer Regierungsbildung im Bund ertönte 2018 ein Weckruf (▸ Weckruf, der), der an die unter den gegebenen Bedingungen regierungsunwillige FDP gerichtet war. Damals ging es CDU/CSU und den Grünen darum, die Partei vom Eintritt in eine Jamaikakoalition (▸ Jamaikakoalition, die) zu überzeugen, da es für eine Tigerentenkoalition oder eine Lybienkoalition (grüne Flagge auf schwarzem Grund) nicht reichte. Alsbald ging in Berlin aber das Schreckgespenst einer anderen Afrika-Option um, nämlich das der schwarz-rot-grünen Keniakoalition, oder, schlimmer womöglich noch, jenes des Stillstands. Ob dieser Nöte diskutierte man kurzzeitig noch über eine Minderheitstigerente bzw. über ein Micro-Lybien-Projekt, welches gewissermaßen ohne Bengasi auskommen sollte, bis man sich nach langer Safari endlich wieder als GroKo (▸ GroKo, die) total verschnappisiert zusammenfand. Dem Motto von Andrea Nahles *nicht* folgend, war dann schließlich auch das sich gegenseitig gelobte „ab morgen in die Fresse zu geben" wieder abgesagt. „Bätschi!"

Memo: Können wir uns eigentlich sicher sein, dass der Feinstaub in unserer Berliner Atemluft für das menschliche Gehirn wirklich so harmlos ist wie es die Klimaleugner den Ökostalinisten ins Gehirn blasen möchten?

*

Hass, der blanke:

„ In den sozialen Netzwerken werde blanker Hass gesät. "

Vielleicht sollte man es mit einer realistischeren Variante probieren: In den sozialen Hasswerken des Haternets wurde den vielen Flüchtlingshelfern von allen Seiten herzlich und liebevoll gedankt.

Tipp: Seien Sie in Ihrer ohnehin nicht immer ganz die Wirklichkeit spiegelnden Berichterstattung einfach noch ein wenig kreativer, dadurch wird das Lesen des ewig selben wesentlich weniger monoton.

*

Haushalt, der solide:

"Der Finanzminister betonte die Bedeutung eines soliden Haushalts"

Im Politikbetrieb gibt es eine Anzahl von wieder-kehrenden Ereignissen, Objekten und personellen Besetzungen, die durchaus konträren Bewertungen unterzogen werden können, denen aber allen, egal aus welcher Perspektive nun besehen, eine gewisse Präzision abzugehen scheint. Was für einen amtierenden Finanzminister ein solider Haushalt ist, kann für den finanzpolitischen Sprecher der Opposition schon wieder lediglich auf Kante genäht sein. Auch ein vom Regierungssprecher postuliertes robustes Mandat (▸ Mandat, das robuste) kann für den Vorsitzenden der Oppositionspartei mit einem Wackelkandidaten besetzt sein. Oft sind es erst die schieren Antithesen, die uns einer differenzierteren Sichtweise ein Stück näher bringen.

*

Herbst, der heiße:

„Der Gewerkschaftsvorsitzende kündigte einen heißen Herbst an."

Was in einem heißen Herbst passieren mag, wird auf ewig ein frostiges Geheimnis bleiben, da es hier, wie übrigens auch bei Forderungen (▸ Forderungen, die) aller Arten immer nur bei konsequenzenlosen Ankündigungen zu bleiben scheint.

Auf der Seite der Fakten möchte man aber noch hinzusetzen, dass bei den heutigen durchaus auch bei den Gewerkschaften unter der Regenbogenflagge stattfindenden Aufmärschen die herbstlichen Mitglieder vor ihrem Abfall vom roten Block immer bunter zu werden scheinen. Auch wenn dies um den Preis des nicht mehr alle Nadeln an der winterlichen Tanne habens zu geschehen scheint.

Hoffnungen, die ruhenden:

„Auf dem neuen US-Präsidentschaftskandidaten ruhen die Hoffnungen der Demokraten."

Oft genug ruhen die Hoffnungen so lange und ausgiebig, dass sie irgendwann einschlafen.

*

I

Inhalte, auf die es ankommenden:

„Auf die Inhalte kommt es an."

Wenn es einer Partei auf die Inhalte ankommt, ist das Personalkarussell (▸ Personalkarussell, das) bereits in vollem Schwunge.

*

Integration, die:

"Der Fußballspieler sei ein Paradebeispiel für gelungene Integration."

Solche und ähnliche Aussagen provozieren bei vielen regelmäßig einen "Ja-aber"-Appendix. Dies v.a. bei den viel zum Gemeinwohl beitragenden CSU-Morgenmagazin-Frühschoppentrinkern, den AfD-Nachmittagstalkshowgästen und anderen von RLT II Vorabendserien umnachteten „Teutschtüm-lern". Für diese daher oft Ja-Aber-Nazis (▸ Ja-aber-Nazi) genannten Gruppen sind Hautpigmente anderer immer das Mittel der Wahl, um vom eigenen Integrationsversagen ablenken zu können.

*

Irritation, die:

„Die Äußerungen sorgten für Irritationen."

Da in Zeiten von Trump (seit 2016 der wichtigste deutsche Politiker) und Brexit (▶ Trump und Brexit) praktisch alles Unwichtige einen „Shitstorm" in der ominösen Netzgemeinde (▶ Netzgemeinde) auslöst, nimmt sich die Heruntergraduierung auf „Irritation" für den modernen Journalisten verhältnismäßig schwierig aus. Wenn man z.B. feststellt, dass Trump mit „t" beginnt und Brexit mit dem selben Buchstaben endet, dieses „t" aber auch in „Umweltschutz" vorkommt, könnte folglich schon das zu Irritationen führen.

*

J

Ja-aber-Nazi, der:

Ein Ja-aber-Nazi, auch als „besorgter Bürger"
bekannt, ist eine Subspezies des gemeinen Nazis.
Das Habit des Ja-aber-Nazi findet sich in absurden
Fragen wie: „Könnte das Festhalten an einer
Währung in Ländern mit völlig verschiedenen
ökonomischen Ausgangsbedingungen ohne Einführung einer gemeinsamen und verbindlichen Finanz-
und Wirtschaftspolitik möglicherweise in Südeuropa
mittelfristig zu einer Massenverarmung führen?"
oder: „Warum darf ich mit meinem im letzten Jahr
gekauften Diesel nicht mehr zu meiner Arbeitsstelle
fahren?"
Da schon die Fragen eine substanzielle Infrage-
stellung des Systems von Meinungsfreiheit und
Demokratie darstellen, wird dem Ja-aber-Nazi von
vornherein jede Teilnahme am politischen Diskurs
(▸ Diskurs, die Teilnahme am) untersagt, alleine
schon deshalb, weil es der AfD nutzen könnte
(▸ AfD, Nutzen für die).

*

Jamaika-Koalition, die:

„In Berlin setzen alle Beteiligten auf die Jamaika-Koalition“.

Genauso gut hätten sie einfach zum Kiffen gehen können. Saufen geht nicht, denn sonst wären sie blau.

Tipp: Loben Sie alles, was sich die Mächtigen auf ihre Agenda setzen in den siebten Himmel, v.a. wenn es sich so buntfarbig verkaufen lässt wie eine schwarz-gelb-grüne Jamaika-Koalition. Wo Sie allerdings ein wenig Dialektik benötigen ist bei der Einsicht, dass blau der Buntheit keinesfalls mehr zuträglich ist.

*

K

Kante, die klare:

„In Sachen Steuerpolitik zeigt die SPD klare Kante."

Die weiland von Franz Müntefering rhetorisch eingeführte „klare Kante" wird auch heute noch gerne bemüht, wenn das betreffende Thema vorher schon ausreichend mit Denkverboten (▶ Denkverbot, das) abgeschmirgelt wurde.

Tipp: Bringt ein Kritiker einen unbequemen Sachverhalt zur Sprache, dann nehmen Sie bitte Abstand von einer sachlichen Analyse des angesprochenen Problems. Verlangen Sie von der oppositionellen Mehrheit besser die fundamentale und moralinsaure „klare Kante".

*

Kanzlerbonus & Kanzlermalus:

„Der Wahlexperte konstatierte, dass letztlich der Kanzlerbonus den Ausschlag für den Gewinn der Landtagswahl gegeben habe."

Abhängig davon, ob ein Bundeskanzler gerade im Besitz eines Bonus oder Malus ist, entscheidet eine um die Mehrheit im Landtag kämpfende Partei darüber, ob der nominell dritthöchste Bundespolitiker zum Vor-Ort-Wahlkampf, zum Vorort-Wahlkampf oder womöglich überhaupt nicht zum Wahlkampf eingeladen wird.

*

Kanzlerdämmerung, die:

„Wir erleben im Moment wohl die akute Phase der Kanzlerdämmerung"

Bedenkt man den bescheidenen Durchschnitt der CDU-Kanzleramtszeiten, kommt die Kanzlerdämmerung für jede Generation nicht ehe man abends seine dritten Zähne ins Wasserglas legt.

Tipp: Wie schon alleine der bloße Begriff der „Kanzlerdämmerung" suggeriert, gehört er im Zusammenhang mit der CDU lediglich in die Sparte der Sagen und Legenden, bleibt dabei aber ein Dauerbrenner, können Sie ihn doch über Jahrzehnte benutzen. Die Kanzlerdämmerung wird somit mit der selben Sicherheit zum Kanzlerabtritt führen, wie Kaiser Barbarossa aus dem Kyffhäuser austreten wird.

*

Kanzlerin, die:

„Auf die Kanzlerin kommt es an."

Wer geglaubt hat, es ginge in Deutschland des 21. Jahrhunderts bei dem Begriff „die Kanzlerin" um eine Bezeichnung für eine vom Parlament gewählte Regierungschefin, vergleichbar mit einem Ministerpräsidenten in Dänemark oder einem Premierminister in Großbritannien, also einem auf Zeit gewählten Regierungschef einer westlichen Demokratie, der irrt!

„Die Kanzlerin" ist, wie die New York Times bewundernd feststellte, „die Führerin der freien Welt." Fürwahr, man konnte den einen oder anderen der Dame nicht besonders wohlgesonnenen Leserbriefschreiber finden, der „die Kanzlerin" schon mit dem für sein diplomatisches Geschick bekannten letzten deutschen Kaiser verglichen hat. Aber wohlwollend mit dem Führer!?

Wie Neville Chamberlain schon 1938 wusste, so weiß die Welt offensichtlich heute noch, dass man den Deutschen einfach nur ein Stück weit entgegen kommen muss - dann werden sie schon gut tun.

*

Kanzlerwahlverein, der:

„Nach den Worten des Generalsekretärs der FDP sei die CDU zu einem reinen Kanzlerwahlverein verkommen.“

Eine Partei ist heute nicht mehr einfach nur eine Partei der Arbeiter (SPD), Christen (CDU), Liberalen (FDP), Umweltschützer (Grüne), Rentner (Graue Panther), Bibeltreuen (PBC), Biertrinker (Deutsche Biertrinker-Union), Pornoproduzenten (Deutsche Sexpartei) oder nur der Parteimitglieder (Die Partei). Nein, veritable Programm- und Volksparteien, die neben BILD bei der politischen Meinungsbildung mitwirken sollten, werden oft so dermaßen augenscheinlich unrichtig als bloßer Kanzlerwahlverein abgekanzelt.

Dass eine, wie Helmut Schmidt gesagt haben würde, „anständige“ deutsche Partei gar nicht zum bloßen Kanzlerwahlverein degenerieren kann, beweist schon alleine die regelmäßige Diskussion um Kanzlermalusse und -bonusse (▸ Kanzlerbonus &

Kanzlermalus) bei den verlustangstgetränkten Landtagswahlkämpfen der Bepublik. In diesem Sinne sind auch Befürchtungen bezüglich Kanzler-dämmerungen (▶ Kanzlerdämmerung) ein ganz und gar unbekanntes Phänomen.

Querelen um die Person des Kanzlers lassen sich dennoch (zusätzlich) mit dem Satz „Auf die Inhalte kommt es an!" (▶ Inhalte, die) ganz vortrefflich aus der Welt schaffen. Mit den eigenen Inhalten kann man sich von anderen Parteien abgrenzen, jedenfalls solange der Wahlkampf anhält. Eine Präkondition, die zu einer ergebnisoffenen Diskussion (▶ Dis-kussion, die ergebnisoffene) über Inhalte führt, erfordert aber zunächst die demonstrierte Geschlos-senheit (▶ Geschlossenheit, die demonstrierte). Ein Instrument der Wahl zur Erreichung dieses glückseligen Zustandes ist zunächst die Schärfung des Profils (▶ Profil, das geschärfte) der Partei. Man kann in Sachen Profilschärfung so konkret werden, wie z.B. die CSU oder die SPD, die in diesem Zusammenhang gerne Geister von Kleinstädten beschwören, wie in früheren Zeiten den von Wildbad Kreuth oder jenen von Bad Godesberg.

Oft münden Forderungen (▶ Forderung, die) obiger Art sogar in Aufrufen (▶ Aufruf, der) der jeweiligen Parteivorsitzenden. In ihnen kann Folgendes enthalten sein: „Die CSU muss sich auch für Migranten öffnen und wieder dem Geist von Wildbad Kreuth und dem von Franz Josef Strauß folgen." Oder: „In Fragen der sozialen Gerechtigkeit muss wieder klare Kante (▶ Kante, die klare,) gezeigt werden und jeder mitgenommen werden, aber auch der Spitzensteuersatz muss drastisch reduziert werden". Im Grunde sollen solch´ lupenreine inhaltsdefinierte und durchaus zu demokratischer Buntheit (▸ Buntheit, die) aufrufende Sentenzen, ähnlich der Rede des Bundespräsidenten, einen Aufbruch signalisieren („bewirken" steht da wohl auf einem ganz anderen Blatt der Parteitagsrede).

Auch wenn die Stoßrichtungen solch gebetsmühlenhaft wiederholter Aufrufe (▸ Wiederholung, die gebetsmühlenhafte) nach demonstrierter Geschlossenheit, geschärften Profilen, Superioritäten von Inhalten, klaren Kanten und Geisterbeschwörungen regelmäßig den Keim zu großen Kontroversen in sich tragen, besagen Gerüchte, dass sie schon mal nichts bewirkt haben sollen und der Kanzlerwahlverein mit einem Karnevalsverein verwechselt worden sein soll.

Möglich, dass der eine oder andere Aufruf, genau wie im Übrigen jedes schon beschlossene Gesetz, noch einmal auf den Prüfstand hätte gestellt werden sollen. Dies besonders dann, wenn eine Lobby wegen eines Aufrufs im Vorfeld Alarm geschlagen hat (▸ Alarm, der geschlagene). Manchmal sind das Industrieverbände oder Chefbanker, die natürlich zuerst um das Wohl der Gemeinschaft bangen, aber auch und vor allem um das Befinden der sehr sensiblen Persönlichkeiten der Finanzmärkte, die (dem Kleinsparer nicht unähnlich) mitunter äußerst nervös reagieren (▸ Finanzmärkte, die nervösen).

Dem professionellen Politiker wird alsbald klar, dass man auf diese mahnenden Stimmen (▸ Stimmen, die mahnenden) hören muss, und sei es auch nur, um eine helle Panik (▸ Panik, die helle) unter Anlegern zu vermeiden.

Aus präventiven Gründen wäre bei den brisanten Inhalten von Aufrufen von vornherein wohl besser an die Einführung eines Schulfachs (▸ Schulfach, Einführung eines) gedacht gewesen, so dass sich die Schüler besser mit hellen Panikattacken von Finanzmarktkreisen auseinandersetzen hätten können dürfen müssen. Vor allem das Schulfach „Toleranz" hätte da in vielen Lebenslagen einen helfenden Effekt. Dies schon alleine deshalb, um dem Menschen dabei zu helfen, mit Ergüssen von konzentriertem Schwachsinn wie dem Vorliegenden besser zurechtzukommen.

*

Kassen, die klammen:

„Kommunalpolitiker verwiesen auf die klammen Kassen."

Man fragt sich, ob das Klamme in den Kassen eher von den schweißnassen Händen des Kommunalpolitikers bei der Plü...., äh Prüfung der Stadtschatullen rührt oder ob es durch einen Akt sozialer

Kälte zu einer Änderung des Aggregatzustands gekommen ist.

*

Kauflaune, die:

„Wie der Geschäftsklimaindex zeigt, sind die Deutschen wieder in Kauflaune."

Die Steigerung der guten Laune ist in Deutschland die Kauflaune.

*

Kehrtwende, die:

„Umweltschützer forderten eine Kehrtwende in Sachen Klimaschutz."

Tipp: Benutzen Sie die Kehrtwende als Steigerung des Zurückruderns (▶ Zurückrudern, das).

*

Klartext, der:

„Bei dem Spitzentreffen wurde Klartext geredet."

Was zwangsläufig die Frage aufwirft, ob Politiker außerhalb ihrer Spitzentreffen Trübtext reden. Aber eigentlich beantwortet sich diese Frage von selbst, sobald man die gebräuchlichen Äußerungen eines gewählten Volksvertreters einmal genauer unter die Lupe nimmt (siehe Phrasen A-Z).

Tipp: Sollten Sie tatsächlich einmal Klartext schreiben, ist jeder Ratschlag obsolet. Sie können dann, so oder so, Ihren Job an den Nagel hängen.

*

Konsequenzen, die geforderten und weitreichenden:

„Der Verband der Elektroindustrie forderte indessen weitreichende Konsequenzen."

Wenn ein B-Politiker einen schlimmen Missstand, wie z.B. das Fehlen eines Radwegs in einer 20er-Zone beklagt, dann fordert er als erstes Konsequenzen, die zwar selten eine nähere Definition erfahren, mindestens aber weitreichend sein sollen und immer im Plural stehen. Ganz nach dem Motto:

Lieber vieles fordern, aber wenig implementieren. Die wichtigste Grundregel bei der Forderung nach Konsequenzen ist aber die, dass die Forderung nach Konsequenzen niemals Konsequenzen hat.

*

Kosten, die aus dem Ruder laufenden:

"Bei dem neuen Großprojekt laufen die Kosten aus dem Ruder."

Man sollte meinen, dass nach den Erfahrungen aus Berlin, Hamburg und Stuttgart der Bedarf an überteuerten Bauprojekten auf Generationen hin gestillt ist. Aber wahrscheinlich wird es auch weiterhin zum guten Ton gehören, bei den ersten Kostenschätzungen ganz klein anzufangen. Ist der Bau erst einmal genehmigt, kann im Monatsrhythmus ein zweistelliges Millionenbeträgchen dazu addiert werden.

*

Kreise, die:

„Wie aus Regierungskreisen verlautete, werden sich die Verhandlungen noch eine Weile hinziehen."

Ob ominöse Sicherheitskreise, nervöse Finanzmarktkreise oder obskure Regierungskreise: Allen nicht näher definierten Kreisen ist gemein, dass man sich bei einer wichtigen Meldung auf sie als zuverlässige Quellen berufen kann. In ihrer Rätselhaftigkeit stehen sie indessen auf einer Stufe mit den mysteriösen Kornfeldkreisen.

Aus den genannten Kreisen können aber manchmal wider Erwarten auch beruhigende Nachrichten verlauten, wie z.B. dass man die Ängste der Bürger ernst nehme. Solch schöne Meldungen werden allerdings oft um die Aussage ergänzt, dass man gegen den beklagten Missstand dennoch nichts unternehmen könne, sich die Bürger aber trotzdem nicht von Populisten ins Bockshorn jagen lassen sollen. Immerhin räumt man aber behutsam ein (▸ Einräumung, die), dass die politische Kommunikation mit dem Bürger noch verbessert werden müsse.

Kurz: Man weiß, es läuft was falsch, will daran nichts ändern, aber den Ist-Zustand schöner vertuschen.

*

Kritik, die geerntete:

„Für seine Äußerungen erntete der Minister Kritik."

Gärtnern macht glücklich, heißt es. Vor diesem Hintergrund müssten Politiker die glücklichsten Menschen auf Erden sein, denn in Punkto Kritik ist sowohl für die Spreu als auch für den Weizen das ganze Jahr über Erntezeit.

*

Kurs, der bestätigte:

„Die Koalition sieht sich in ihrem Kurs bestätigt."

Die stete Selbstbestätigung gehört zum politischen Grundrepertoire. Andernfalls wäre man gezwungen, eine Kehrtwende zu machen (▶ Kehrtwende, die) oder am besten gleich zurückzurudern (▶ Zurückrudern, das).

*

Kurs, der künftige:

„Die Genossen beraten über den künftigen Kurs der Partei."

Tipp: Für Sie als verantwortungsvollen Journalisten bieten solche Kursdebatten eine willkommene Gelegenheit, Feindbilder zu schüren, zum Beispiel indem Sie die jeweilige Partei aus der negativsten Perspektive schildern. Dabei dürfen Sie ruhig von alten Vorurteilen Gebrauch machen: Die linken Wähler haben von Realpolitik keine Ahnung, die rechten sind dauermaulende Spaßbremsen, und die in der Mitte... Aber welche Vorurteile gibt es schon über die in der Mitte.

*

Kuschelkurs, der:

"Die Union geht auf Kuschelkurs mit der Automobilindustrie."

Ein Kuschelkurs ist einer Charme-Offensive (▶ Charme-Offensive) ähnlich, nur noch knuffiger.

*

L

Lahmlegung, die:

„Ein Schneesturm legt den Nordosten der USA lahm."

Tipp: Ob es sich um Schneestürme in den USA, Buschbrände in Australien oder Erdbeben auf Neuseeland handelt – klimabedingte Katastrophen (besonders bei englischsprachigen und damit uneinsichtigen Völkern) sind traditionell exzellente Auflagensteigerer. Überdies transportieren sie mitunter die eigene Klimapropaganda noch einmal vortrefflichst an den ohnehin schon geneigten deutschen Leser. Vermeiden Sie daher tunlichst, den Rezipienten zu suggerieren, dass die Lage dort drüben in absehbarer Zeit unter Kontrolle gebracht werden könnte. Steigern Sie das Entsetzen, übertreiben Sie bei den Opferzahlen, aber lassen Sie das Thema wie eine heiße Kartoffel fallen, sobald sich die Lage tatsächlich entspannt.

*

Liefern, das:

"Die FDP liefert wieder."

Ein moderner Schlachtruf, der immer dann ertönt, wenn eine Partei ihr Comeback möglichst glorreich feiern möchte. Aber die Frage, was genau wohin geliefert werden soll, führt oft zur parteiinternen Spaltung, so dass man sich doch besser wieder auf die Einlagerung im Parlament, von vielen auch als „Aussitzen" (▸ Aussitzen, das) bezeichnet besinnt.

*

Lohn, der gleiche:

„Die Frauenbeauftragte forderte gleichen Lohn für gleiche Arbeit."

Solche hehren Forderungen können gefahrlos von Parteien, Gewerkschaften, Kirchen und Verbänden (▸ Parteien, Gewerkschaften, Kirchen und Verbände) erhoben werden, da sie stets wohlfeil klingen, ohnehin nie umgesetzt werden und daher niemanden etwas kosten. FDP-Politiker stellen die selben ambitionierten Forderungen (▸ Forderungen, die) mit identischen Effekten gerne unter der Überschrift „Mehr Netto vom Brutto für alle." (▸ Mehr Netto vom Brutto).

M

Mandat, das robuste:

„Der Verteidigungsminister forderte für den Auslandseinsatz der Bundeswehr ein robustes Mandat."

In den betreffenden Regionen gibt es also noch Überlebenschancen, jedenfalls bis der Minister Chuck Norris anfordert.

*

Maßnahme, die vertrauensbildende:

„Der Präsident warb für vertrauensbildende Maßnahmen."

Genauso wie die „Konsequenzen" treten die Maßnahmen der Vertrauensbildung immer im Plural auf. Wahrscheinlich ist dies bei allem Utopischen so. Die Wahrscheinlichkeit, dass wegen eines politischen Missstandes tatsächlich mehr als nur die Forderung nach Konsequenzen erhoben werden oder dass vertrauensbildende Maßnahmen zu mehr Vertrauen zwischen Politiker und Politiker, oder, noch undenkbarer, Volk und Politiker führen, ist in etwa so groß, wie die Möglichkeit zu entdecken, dass Franz Josef Strauß Mitbegründer der grünen Partei gewesen ist.

*

Mehr Netto vom Brutto:

„Der FDP-Vorsitzende forderte, dass sich Arbeit wieder lohnen und mehr Netto vom Brutto bleiben müsse."

So passt wenigstens das Parteiprogramm der FDP auf den Kirchhofschen Bierdeckel.

*

Menschen, die Gefühle habenden:

„Die Menschen haben das Gefühl, von der Politik im Stich gelassen zu werden."

Was tut man dagegen? Entweder man setzt eine Expertenkommission ein (▸ Experten, die), man bestreitet die Richtigkeit dieses ohnehin bloß diffusen Gefühls, verspricht aber in Zukunft besser an der eigenen Kommunikation zu arbeiten oder man sagt, dass man gar nicht handeln könne (und also schon im Vorfeld gar nicht erst gehandelt habe), da es sich beim Casus Knacksus ohnehin um die Konsequenzen (▶ Konsequenzen, die geforderten und weitreichenden) einer EU-Verordnung handele.

*

Mob, der rechte:

"In den Straßen Sachsens wütet wieder der rechte Mob."

In Bayern zwar nicht so sehr auf der Straße aber dafür in der Staatskanzlei!
Der Oppositionelle fast jeden Anliegens, auch als rechter Mob bekannt, wütet immer am rechten Rand (▶ Rand, der rechte). Ob dieser auf der Straße oder auf einer süddeutschen Regierungsbank zündelt (▶ Zündeln, das) ist den Anklägern einerlei. Das Gegenteil des mephistophelischen rechten Mobs findet man wahlweise im seit September 2015 unfehlbaren Kanzleramt oder in der politisch aktiven Netzgemeinde (▶ Netzgemeinde, die).

Mobilisierung, die:

„Der Partei gelang es nicht, ihre Wähler zu mobilisieren."

Wenn es sich dabei um die Regierungspartei handelt: Manifestiertes regierungsamtliches Totalversagen am Tag nach der Wahl.

*

Mogelpackung, die:

„Die Opposition bezeichnete das Gesetz als eine Mogelpackung."

Das Lamento bezieht sich also nicht auf eine kleiner oder teurer oder beides gleichzeitig gewordene Kaugummipackung, sondern auf einen Gummiparagraphen.

*

Muskeln, die spielenden:

"Ver.di lässt die Muskeln spielen."

Zumindest die Damenwelt wird regelmäßig etwas enttäuscht sein, wenn nach dieser vielversprechenden Phrase keine brustgeschwellten Bodybuilder oder ölig glänzenden Chippendales vor der Kamera erscheinen, sondern lediglich die nicht gerade für Ihren Sexappeal bekannten Gewerkschaftsfunktionäre.

*

N

Nachhaltigkeit, die:

„Das neue Gütesiegel steht für Nachhaltigkeit. "

Tatsächlich steht es für nichts, außer der Beschäftigung zertifizierender „Experten" (▶ Experten, die), mit denen auf dem ersten Arbeitsmarkt kein Staat mehr zu machen ist.

*

Nachlegen, das:

"Die AfD legt nach."

Nein, nachgelegt wird nicht eine Portion guter deutscher Kartoffeln in der Bundestagskantine. Ins ohnehin schon lodernde Feuer der Empörung (▶ Empörung, die) wird besonders von AfD-Kreisen (▶ Kreise, die) eine vorher durchs Dorf getriebene Sau gelegt. Garniert wird dieselbe mit ganzen Vorlegelöffeln voll mit Populismus, gewürzt mit einer ordentlichen Prise Alarmismus und einer Zehe

Skandalismus. Man müsste das Kochbuch der Politikgeschichte umschreiben, wenn man von anderen Parteien schon Ähnliches in diese Richtung gehende gehört hätte.

*

Nazi, der:

Früher ein Anhänger der von Adolf Hitler umgesetzten sozialdarwinistischen totalitären Rassenideologie, die in ihrem Kern die Vernichtung von lebensunwertem Leben, worunter in der Zeit der Schreckensherrschaft des Nationalsozialismus nicht nur sechs Millionen vergaste Juden, sondern auch Hunderttausende getötete Menschen mit Behinderungen und psychischen Krankheiten, Sinti, Roma, Homosexuelle, Kommunisten, ja generell auch politisch Andersdenkende gefallen sind. Zu den Werkzeugen der Umsetzung der Vernichtungs- und Eroberungskriege gehörten v.a. eine gigantische Militärmaschinerie, eine geheime Staatspolizei sowie zahlreiche über ganz Europa verstreute Konzentrations- und Vernichtungslager.
In Zeiten von Trump und Brexit (▸ Trump und Brexit) allerdings kann der Nazi sogar die Mehrheit ganzer demokratisch verfasster angelsächsischer Völker konstituieren, etwa wenn diese es wagen sollten, einen neuen Präsidenten zu wählen oder sich

nach einem Referendum mehrheitlich dafür entscheiden, einer (politischen) Union von Staaten den Rücken zu kehren, da sie befürchten, dass diese parlamentarische und juristische Satzungen in zu geringem Maße implementiere.

Aber auch in Deutschland kommen solche Nazis vor. Von den eigenen politischen Vertretern wird ihnen vieles, unter anderem auch die „Verrohung der Sprache" vorgeworfen, wodurch es durchaus legitim ist, die als friedliche Demonstranten getarnten Nazis als „das Pack", „Mischpoke" oder „pöbelnder Mob" zu bezeichnen. Gleichzeitig schallt es von der anderen Seite „Volksverräter" und „Lumpenpack" zurück, wodurch gewisse Vorurteile ihre Bestätigung finden könnten.

Es fällt ins Auge, dass es bei dieser Art von Titulierungen noch keine Alternativlosigkeiten zu geben scheint und noch Restbestände von hochkultureller Mannigfaltigkeit existieren. Opposition und die friedliche und gesetzeskonforme Inanspruchnahme der Meinungs- und Versammlungsfreiheit fallen somit heute ganz generell unter das Label des Nationalsozialismus.

Zum Widerstand berechtigt gegen jene die somit nicht zum Widerstand berechtigt sind, sind dagegen all die Menschen in unserem Land (▸ Menschen in unserem Land), die den Widerstand gar nicht leisten müssten. Tatsächlich gehen gerade diese sehr regelmäßig zum Aufstand der Anständigen (▸ Aufstand der Anständigen) über und manchmal zeigen sie dann auch noch Gesicht (▸ Gesicht zeigen), jedenfalls wenn nicht gerade der schwarze Block seine traditionell gewaltfreie Haltung zeigt.

Der Nationalsozialist hat jedenfalls in Deutschland nichts von seiner Aktualität eingebüßt und das Erschreckende an seiner gegenwärtigen Präsenz ist die unerhörte Verbreiterung seiner politischen Agenda. So kann er heute gegen den Euro, morgen für den Austritt Großbritanniens aus der EU und übermorgen ein Freund der USA oder auch Russlands, Ungarns, Polens, Dänemarks, Schwedens, Australiens... sein. Vielleicht gilt man schon bald als Nationalsozialist, wenn man die „Süddeutsche Zeitung" nicht abonniert oder beim Bäcker statt eines Schwarzbrotes lieber eine Milchsemmel bestellt.

Tipp: Da es den Nazi als Allzweckwaffe gibt, müssen Sie ihn definitiv nicht mehr erst erfinden. Wer es schon in Hollywood zum omnipräsenten Lieblingsbösewicht gebracht hat, verdient es auch von Ihnen als Journalist nicht ignoriert zu werden.

*

Netzgemeinde, die:

„Durch die Netzgemeinde ging ein Aufschrei der Empörung."

Schon der kirchliche Bezug dieser Bezeichnung der im Internet tätigen Aktivisten (▸ Aktivisten, die politischen) macht uns klar, bei ihnen handelt es sich stets um das Geschlossene, das Kollektive, das Einmütige, das Runde, das Undornige, ja, das Gute. Das Gute ist zuweilen ein wahrer Goliath, der sich stets mutig gegen David stellt.

Trotz aller christlichen Bezüge wird die mehr als nur gelegentlich stattfindende Empörung (▸ Empörung, die) der Netzgemeinde regelmäßig von einem verbal eher ein bisschen ordinär daherkommenden, nichtsdestotrotz aber nicht minder veritablen Shitstorm (▸ Shitstorm, der) begleitet. Die in diesem Kontext schon unvermeidlichen bösen Zungen sprechen daher bereits von den sozialen Hasswerken des Haternets, die sich durchaus auch weniger kirchlich orientierte rechte Kreise (▸ Kreise, die) schon zum Zwecke der Abhaltung ihrer dunkelschwarzen Messen bedient haben sollen.

*

NPD-Verbotsverfahren, das:

„Der Untersuchungsausschussvorsitzende forderte ein erneutes NPD-Verbotsverfahren."

Der NPD-Verbotsantrag ist schon seit den Tagen Hermanns des Cheruskers ein regelmäßig scheiterndes Ansinnen.

*

O

Obergrenze, die:

„Es kann beim Zuzug von Flüchtlingen keine Obergrenze geben, das verbietet das Grundgesetz. "

Neben dem feststehenden Begriff vom „Trump und Brexit" (▸ Trump & Brexit) ist die „Obergrenze" ein weiteres prominentes Synonym für das Böse. Sie ist außerdem ein Symptom von vielen für das deutsche Phänomen (▸ Phänomen, das deutsche) des maßvollen, mittigen und aufgeklärten Umgangs mit politischen Postulaten und deren behutsamen Umsetzungen in unserer Geschichte. Es ist immer wieder beruhigend zu sehen, dass unsere Nation noch immer mit so sensiblen und andere Völker in Europa wenig erschreckenden diplomatischen Attitüden operiert.

Tipp: Auch wenn im Grundgesetz tatsächlich klar nachzulesen steht, wer in Deutschland asylberechtigt ist, fordern Sie zwei Dinge nie: Das erste ist, wie wir bereits ahnen können, die „Obergrenze". Das zweite was es allerstrengstens zu vermeiden gilt, ist die Aufforderung der Öffentlichkeit, das Grundgesetz tatsächlich zu lesen. Falls noch geringe Zweifel bestehen und es denn gar nicht mehr anders geht, dann zitieren Sie lieber aus dem Koalitionsvertrag von 2018, der so ganz und gar unobergrenzig von einer „Begrenzung der Zuwanderung mit einem atmenden Deckel" spricht.

*

Offenheit, die:

„Die Gespräche fanden in ungewöhnlich offener Atmosphäre statt."

Eifrige Gipfeltreffen-Gucker können häufig schon an der Art des Händedrucks erkennen, ob sich Staatsmänner gewogen sind. Normalsterbliche müssen sich mit den Aussagen auf der (hoffentlich) gemeinsamen Pressekonferenz begnügen. Doch oft bedarf es auch hier der einen oder anderen Erläuterung, um hinter die wahre Bedeutung des Politsprech zu blicken. Im Falle der "offenen" Gespräche kann man mit großer Sicherheit davon ausgehen, dass hinter den Kulissen die Fetzen flogen.

Tipp: Genauso nachdrücklich wie wir vom Begriff der „Obergrenze" abraten, raten wir dem Terminus der „Offenheit" ausdrücklich zu. Begreifen Sie sich stets als ein Verteidiger der Offenheit, der Vielfalt und des Bunten. Die Beschwörungen von Offenheit, Vielfalt und Buntheit lesen sich immer dann ganz vortrefflich, wenn Sie die politischen Gegner ihres Verlegers in Ihrer Berichterstattung als Hassprediger, Diskursverweigerer oder, je nachdem für wen sie arbeiten, als geifernde Rechts- oder Linksextreme brandmarken möchten. Der Objektivität tut dies jedenfalls keinen Abbruch.

*

Ohren, die tauben;

„Die Forderungen stießen beim Minister auf taube Ohren."

Eine griffige Beschreibung für einen Normalzustand.

*

P

Paket, das geschnürte:

„Die Regierung hat mit dem neuen Gesetz ein Sparpaket geschnürt."

Das Sparpaket des Haushaltspolitikers findet sein Ebenbild im Rundumsorglospaket (▸ Rundumsorglospaket, das) des Werbefachmanns.

*

Panik, die helle:

„Die Anleger reagierten in heller Panik."

Panik, Chaos und Krise: Die heilige Dreifaltigkeit des deutschen Journalismus.

*

Partei, die demokratische:

„Der Grünenvorsitzende betonte, dass man sich nach der Wahl mit allen demokratischen Parteien unterhalten werde."

In den USA: die Kontrahentin der Partei der Republikaner (in den Vorstellungen der Deutschen übrigens von je her die einzige demokratisch legitimierte US-Partei, auch wenn sie einst die Partei der Sklavenhalter und später für sehr lange noch die dominante politische Kraft in den konservativsten Südstaaten war).

In Deutschland (früher): Eine sich zum Grundgesetz, zum Recht auf freie Meinungsäußerung und zum Demonstrationsrecht bekennende und im politischen Streit hauptsächlich innerhalb des Parlaments agierende Organisation, die Bürger mit ihren verschiedenen Interessen als Wähler gewinnen will.

In Deutschland (heute): Mitglied eines Oligopols der einheitlichen Meinung in wichtigen Grundsatzfragen, die oppositionellen Konkurrenten das Attribut „demokratisch" abspricht.

Neu ist dieses Phänomen (▸ Phänomen, das deutsche) allerdings nicht, hat sich doch jede neu gegründete und in Wahlen erfolgreiche Partei in der Bundesrepublik Deutschland zunächst dieser vorurteilsbehafteten Einordnung durch das jeweilige Establishment ausgesetzt gesehen. Demokratische Parteien, die davon betroffen gewesen sind, waren namentlich beispielsweise die Grünen, die WASG, die Schill-Partei, die Linke und die AfD.

"Undemokratisch" ist eine Partei heutzutage, wenn diese potentiell in der Lage ist, staatliche Institutionen und Medien mit anderen Perspektiven derart aufzumischen, dass ein breiteres Meinungsspektrum in politische Entscheidungsprozesse einfließen könnte.

"Demokratische" Parteien erreichen die „Unschädlichmachung" von „undemokratischer" Konkurrenz mitunter dadurch, indem sie Aussagen dieser Opposition in sozialen Netzwerken von fragwürdigen Stiftungen, die von ehemaligen Mitarbeitern des MfS der DDR geleitet werden, wegzensieren. Dass diese Praxis außerhalb jeder Rechtsgrundlage steht und schon die UN-Menschenrechtskommission auf den Plan gerufen hat, stört die lupenreinen Oligopoldemokraten dabei keineswegs. Die Verhinderung einer politisch vielfältigeren Öffentlichkeit geht bei „demokratischen Parteien" vor.

Tipp: Als kritischer Journalist sollten Sie nicht den Fehler begehen, die Regierung zu kritisieren. Um Ihren kritischen Geist und Ihren Mut unter Beweis zu stellen, ist das Dämonisieren der Opposition ein weit sicherer Hafen. Falls jemand Sie auf diesen Zustand hinweisen sollte, dann kanzeln sie diesen „Niemanden" (wie z.B. ehemalige deutsche Verfassungsgerichts- oder Verfassungsschutzpräsidenten, sowie BND-Chefs und Generalbundes-

anwälte) sofort mindestens als Rechtspopulisten ab –
Nazi ist besser.

*

Parteien, Gewerkschaften, Kirchen und Verbände:

„Parteien, Gewerkschaften, Kirchen und Verbände verurteilten die Demonstration am Kölner Dom einhellig."

Da ist es doch immer wieder gut zu wissen, dass ausgrenzende, antidemokratische u.v.a. kollektivistische Tendenzen in Deutschland der Vergangenheit angehören. Der Andersdenkende (▸ Andersdenkende, der) kann ob solcher Schlagzeilen immer wieder aufatmen.

Tipp: Warum reihen Sie sich nicht gleich selbst in diese Aufzählung ein? Der Zusatz „...und Journalisten" kann Ihren Berufsstand nur weiter adeln.

*

Paukenschlag, der echte:

„Aus dem Kreml erreicht uns ein echter Pauken-schlag."

Eine vielversprechende Auftakt-Schlagzeile, die garantiert auch den eingeschlafensten Leser wach-rüttelt.

*

Personalkarussell, das sich drehende:

„In Berlin dreht sich das Personalkarussell."

Spätestens jetzt behauptet jeder, dass es nicht auf Posten und Personen, sondern die Inhalte ankomme (▸ Inhalte, die).

Tipp: Auch Sexskandale haben als eine Konsequenz immer etwas mehr oder minder „Inhaltliches".

*

Peter, der schwarze:

„Koalition und Opposition schoben sich gegenseitig den Schwarzen Peter zu."

Menschen haben nur selten ein reines Gewissen. Politiker nie. Das geschickte Zuweisen der Schuld an den politischen Gegner gehört zur Grundausstattung jedes Politikers, dem an der eigenen Karriere gelegen ist. Wie lange allerdings der schwarze Peter in den Medien noch als pauschaler Schuldzuweiser ohne Beißhemmung benutzt werden darf, steht in den Sternen der Political Correctness.

Tipp: Stellen Sie sich im Interesse Ihrer Karriere darauf ein, bald vom dunkelpigmentierten Peter schreiben zu müssen.

*

Pflicht, nehmen in die:

„Der Gesundheitsminister will die Krankenkassen in die Pflicht nehmen."

Da sage einer, dass Preußen nicht mehr existiere.

*

Phase, die heiße:

„Der Wahlkampf geht in die heiße Phase."

Die heiße Phase beschert uns örtliche Heuchelei, ergiebige Talkshows mit auffrischenden Wortverdrehereien sowie deutschlandweit eine Zunahme von Stürmen, die auch mal unterhalb der Gürtellinie blasen.

*

Phänomen, das deutsche:

„Die Ressentiments gegen anders pigmentierte und Andersdenkende scheint vor allem ein ostdeutsches Phänomen zu sein."

Das Schubladendenken bei der Bestimmung von „Phänomenen", das sich kurioserweise zu überlagern scheint, hat schon etwas Sonderliches. Da gibt es zum Beispiel Abschottungstendenzen als gesamteuropäisches Phänomen, Buntheitstendenzen und grüne Rekordwahlsiege als gesamtdeutsches Phänomen, den blanken Hass (▸ Hass, der blanke) sowie brachiale AfD-Wahltriumphe als ostdeutsches Phänomen oder überzeugende CSU-Wahlsiege als gesamt-oberbayrisches Phänomen. Irgendwie kommt es einem vor, als wäre man in der Grundschule nicht der einzige gewesen, der von der Mengenlehre nicht wirklich etwas verstanden hat.

Tipp: Was man in der Realität so gar nicht haben mag, kurzerhand als ein „Phänomen" zu bezeichnen, war schon etwas, das Kurt Georg Kiesinger in den 1960er-Jahren bezüglich ganzer Staaten praktiziert hat.

*

Pläne, die nicht weit genug gehenden:

„Umweltverbänden gingen die Pläne nicht weit genug."

Tipp: Wenn Sie schreiben, dass ein Plan nicht weit genug geht, kommen Sie Ihrer journalistischen Pflicht des Kritisierens heute mehr als ausreichend nach.

*

Plus, das satte:

„Deutsche Unternehmen erwarten für das kommende Jahr ein sattes Plus."

In vielen Fällen dürfte es die Bezeichnung nimmersattes Plus besser treffen, denn oft wird im selben Atemzug ein umfangreicher Umbau (d.h. massenweiser Abbau von Arbeitsplätzen) ange-kündigt.

*

Pochen, das:

„Der Parteivorsitzende pochte auf die eigenen Positionen."

Marktschreierei, Hartnäckigkeit und eben das Pochen auf die eigenen Positionen gehört nicht nur zum Geschäft des Werbefachmanns, sondern auch zu dem des Berufspolitikers. Da jeder Politiker immer und überall pocht, werden einzelne Buntspechte schnell überhört. Durch die allgegenwärtige Kakophonie des Pochens gehen deshalb auch gute Vorschläge unter und am Ende passiert - nichts.

*

Politikverdrossenheit, die zunehmende:

"Der Bundespräsident beklagte die zunehmende Politikverdrossenheit."

Meistens steigt die Politikverdrossenheit unmittelbar nach einer Diätenerhöhung, einem Parteispendenskandal oder dem Wechsel eines Spitzenpolitikers in den Aufsichtsrat eines milliardenschweren Konzerns. Ein Zusammenhang zwischen solchen Ereignissen und der Politikverdrossenheit konnte wissenschaftlich jedoch noch nicht nachgewiesen werden und ist deshalb auch nicht vorhanden.

Tipp: Vermeiden Sie es, Politikverdrossenheit als „Politikerverdrossenheit" zu bezeichnen. Sie würden den Nagel nämlich so auf seinen populistischen Kopf treffen.

*

Profil, das geschärfte:

„Auf dem Parteitag wurde beschlossen, dass die Partei ihr Profil schärfen wolle."

Am Schleifstein der Demokratie hat sich schon manche Partei kugelrund geschliffen, bevor sie sich später, nach abermals verlorener Wahl, wieder auf ihre Ur-Werte besinnen konnte. Das reicht von der Bekämpfung der Altersarmut (Die Linke) bis hin zur Beleidigung dunkelhäutiger Mitbürger (AfD).

*

Quittung, die:

„Die Regierung bekam vom Wähler die Quittung. "

Es ist in der Demokratie ein schönes Gefühl, der Regierung eine Quittung ausstellen zu können, wobei manch einer sicherlich lieber eine gesalzene Rechnung präsentieren würde. Leider ist ein unliebsames Wahlergebnis bisher noch nicht steuerlich absetzbar.

*

R

Randerscheinung, die:

„Der Sport wird zur Randerscheinung."

Es gibt durchaus Randerscheinungen, die in Deutschland stets im Zentrum des Interesses stehen (▸ Rand, der rechte). Wenn der Sport in periphere Gefilde gerät, zerstört mit Sicherheit gerade ein Doping- oder Korruptionsskandal die schöne Illusion der heilen Sportwelt. Bedenkt man aber das Potential der Aufregung, das v.a. der Fußball in Deutschland zu allen Zeiten bietet, wird keine Dope Show der Welt den Sport zu einer realen Randerscheinung degradieren können. Das wäre gerade so, als würde man dem sich auf dem Trip der Dauerempörung befindenden Deutschen seine Hausdroge entziehen, was auch diesem Buche beträchtliche Teile seines Potentials nehmen würde.

*

Recht, das von Bürgerinnen und Bürgern gehabte:

„Die Bürgerinnen und Bürger haben ein Recht darauf, dass sie die volle Wahrheit der Politik ihrer Partei kennen!"

Bei Politikerinnen und Politikern ist es besonders beliebt, sich als Anwältinnen und Anwälte der Bürgerinnen und Bürger zu profilieren – ob es um die Einberufung einer Kommission aus Expertinnen und Experten geht oder um den Bau neuer Windräderinnen und Windräder.

Tipp: Unterstellen Sie dem Bürger, dass er Rechte verlangt, die er nicht braucht oder haben will, behaupten sie aber, dass er andere liebend gerne abgebe, wenn dies nur einem höheren Zwecke diene. Nichts könnte der Agenda Ihres Verlegers und der des Parteipolitikers vortrefflicher zu Diensten sein.

*

Reform, die:

„Es könnte eine Reform der Reform geben."

Wenn eine Reform reformiert wird, kann das Ergebnis schnell dasselbe sein wie bei einem

Spiegel, der sich in einem Spiegel spiegelt. Mit anderen Worten: Eine reformierte Reform ist der Beginn des langen Wegs hin zur Reform vor der Reform. Ob es unter solchen Umständen wohl nicht doch Lebenslagen gibt, an denen selbst die Progressivsten was am Konservatismus finden müssten?

*

Regeln, die verbindlichen:

„Verbraucherschützer verlangten verbindliche Regeln für den Handel."

Eine klare Redundanz, derer es im Deutschen traditionell sehr viele gibt. So ist der Regelverstoß bekanntlich immer erst dann nicht gestattet, wenn er auch tatsächlich allerstrengstens verboten ist.

*

Regen, der ergiebige:

„Ein Tief über Mitteleuropa beschert uns ergiebigen Regen.“

Der Wetterbericht ist die einzige Journalismus-Sparte, in der es auf hundertprozentige Akkuratesse ankommt. Ein aus dem Zusammenhang gerissenes Politikerzitat ist bei weitem nicht so verwerflich wie ein Irrtum bei der Prognose der Windrichtung. Nichts bleibt länger im Gedächtnis der bekanntlich zur Nachsicht neigenden deutschen Gemeinde der Medienrezipienten hängen.

*

Reißleine, die gezogene:

„Der VFB Stuttgart zog die Reißleine und feuerte seinen Trainer.“

Verlässliche Regelmäßigkeit ist wichtig im Leben. Die Amerikaner haben ihren Old Faithful, die Deutschen ihre wöchentliche Trainer-Entlassung.

*

Relativierung, die:

„Der Abgeordnete hat inzwischen seine Aussagen relativiert."

Zeit ist relativ, sagte Albert Einstein. Aber offenbar kannte er die deutsche Politik noch nicht. Die schlägt die Zeit in dieser Hinsicht nämlich um Längen.

*

Richtungen, alle:

„Die Polizei ermittelt in alle Richtungen."

Eine bildhafte Phrase, bei der man den Polizeibeamten unwillkürlich mehr Arme wünscht als die indische Göttin Kali besitzt. Auf andere Weise wäre das ungeheure Arbeitspensum selbst dann nicht zu bewältigen, wenn man über die Lebenserwartung derselben verfügen sollte.

*

Richtungswahl, die:

"Die kommende Europawahl bezeichnete der Minister als eine wichtige Richtungswahl."

Im Straßenverkehr sollte man bei Richtungs-änderungen beide Augen offen halten. Auf politischer Ebene allerdings darf man diesbezüglich nicht allzu viel erwarten: Die Rechten werden auch in Zukunft auf dem rechten Auge blind sein, die Linken auf dem linken und die in der Mitte... Aber wer weiß schon, ob die in der Mitte über ein drittes Auge verfügen.

*

Ruck, der durch Deutschland gehende:

„Durch Deutschland muss ein Ruck gehen."
(Roman Herzog am 26.4.1997)

Kommt der noch oder war der schon?

*

Rückendeckung, die:

„Der Minister sagte seinem Parteikollegen umgehend Rückendeckung zu."

Wird diese Phrase noch mit dem Zusatz „mein Parteikollege genießt mein vollstes Vertrauen" ergänzt, kann dieser einem Parteiausschlussverfahren nur noch mit seinem freiwilligen Austritt zuvorkommen. In Mafiakreisen wird die Rückendeckung übrigens das unablehnbare Angebot genannt. Noch kürzere Haltbarkeitszeiten haben nur Minister unter Donald Trump.

*

Rücken, der gestärkte:

"Verbrauchern soll der Rücken gestärkt werden."

Ein sehr löblicher Vorsatz. Und das bei einem zu schweren Portemonnaie bekanntlich Haltungsschäden drohen, wird dem sich stets beklagenden Einzelhandel geholfen, den Bürgern das Geld aus der Tasche zu ziehen.

*

Rückhaltlosigkeit, die:

„Der Innenminister forderte eine rückhaltlose Aufklärung. "

Tipp: Wenn Sie sich hier versehentlich vertippten und „rückgratlose Aufklärung" schreiben, treffen Sie die Wahrheit oft eher.

*

Ruf, der:

„Es wird zunehmend der Ruf nach härteren Gesetzen laut. "

In den guten alten kriegerischen Zeiten war es der Ruf zu den Waffen, der das Blut in Wallung brachte. Heute müssen härtere Gesetze für den Adrenalinschub des auf Rache sinnenden Bildungsbürgers sorgen. Dass auf dem biederen Gesetzeswege niedere Rachegelüste leider nicht so schön bedient werden können wie mit einer blitzblank geschliffenen Klinge, bitten v.a. populistische Politiker im Unterton oft schon selbst zu entschuldigen. Aber einen klitzekleinen Trost bieten sie immerhin: Man darf stets auf das Versprechen der „ganzen Härte des Rechtsstaats" hoffen.

Rumoren, das hintergründige:

„Im Hintergrund des Parteitags rumort es deutlich."

Das Rumoren ist das typische Geräusch, das entsteht, wenn jemand etwas Falsches gegessen hat. Dass sich das in einem Anfall von Durchfall niederschlagen kann, ist flüssig nachvollziehbar. In der Politik hat das „Rumoren" zwar auch mit Stuhl zu tun, doch eher mit dem Sägen an demselben eines Amtsträgers durch einen bislang hochgeschätzten Parteikollegen. Diese zweite Art des Rumorens findet nur vordergründig im Hintergrunde statt. Rumort es in den Ränkespielen der Politik dann offiziell, tut es dies oft "gewaltig". Ähnlichkeiten mit dem Donnerbalken sind rein zufällig.

*

Rundumsorglospaket, das:

„Sichern sie sich noch heute das Rundumsorglospaket, solange der Vorrat reicht!"

Bevor Sie durch das blitzschnell über eine Hotline erworbene schlüsselfertige Haus Ihre Seele beim vollmundigen Genuss eines Schlemmerjoghurts baumeln lassen, müssen Sie sich diese Entspannung

erst durch die schnelle Buchung des Rundum-
sorglospaketes im brandheißen „Sale on Now"
sichern. Denn nach wie vor gilt: Nur solange der
Vorrat reicht.

Entschuldigen Sie bitte diesen kleinen Ausflug in die
Welt der Marketingsprache. Sehen Sie ihn als
Werbepause.

*

S

Salonfähigkeit, die:

„Rechtes Gedankengut werde wieder salonfähig gemacht.“

Um als formschöner Rechter salonfähig zu gelten und sein Gedankengut (oder Gedankenschlecht) unters Volk zu bringen, muss zuerst etwas Vorarbeit geleistet werden: man schüre diffuse Ängste (▸ Ängste, die diffusen), säe blanken Hass (▸ Hass, der blanke) und treibe anschließend eine Sau durchs Dorf. Um dem Rechten seine Salonfähigkeit auf Dauer zu sichern, muss dieselbe optimalerweise einen Bezug zum tagesaktuellen Geschehen haben. Interessant ist nur, dass sich im Dreck wälzende Tiere immer nur im Adressatenkreis solcher Rezepturen befinden.

Tipp: Wenn „Salonfähigkeit" u.v.a. „Rechts" und „Gedankengut" in einem Zug genannt werden, könnte dies auch als heimliche Sympathie missinterpretiert werden. Da die Bewegung auf einem zeitgeistlich so derart dicht bestückten Minenfeld sehr kontraproduktiv für Ihre Karriere sein könnte, lassen Sie die Kritik an echten

Rechtsextremen besser sein und verlegen Sie sich auf die viel gefährlicheren und sehr viel weiter verbreiteten Ableger der Nazis (▸ Ja-Aber-Nazi, der), die man früher schon aus Versehen als Bürger bezeichnet hat.

*

Schadensbegrenzung, die:

"Ein Unternehmenssprecher war um Schadensbegrenzung bemüht."

Unternehmenssprecher sind die Söldner der Marktwirtschaft. Sie kämpfen (bzw. sprechen) für den Meistbietenden, sehen großzügig über kleinere Makel ihres Arbeitgebers (z.B. Korruption, Misswirtschaft, Mindestlohnverweigerung, Kinderarbeit) hinweg und haben keinerlei Skrupel, "ihr" Unternehmen in den schönsten Farben zu schildern (zumindest so lange, bis ihnen ein anderes Unternehmen für die selben Dienste mehr zahlt).
Dasselbe gilt auch für Regierungssprecher.

*

Scharfmacher, der/die:

„Die Scharfmacher der CSU: Seehofer geht auf Merkel los."

Bei vielen tritt bei der Nennung des Scharfmachers zuerst der freundliche Dönerverkäufer an der Ecke vor das geistige Auge. Im Polit-Theater sind Scharfmacher aber nicht die morgenländischen Botschafter für die Benutzung von Chilipulver in der Imbisskultur des amerikanisierten Halal, sondern knallharte, sich am Rande der Verfassungsmäßigkeit befindliche radikalisierte Biergartengänger und Weißwurstesser, vornehmlich aus den Reihen der CSU. Dass diese dabei eher dem Verzehr von süßem Senf zusprechen, macht die Angelegenheit nicht weniger delikat.

Tipp: Verurteilen Sie diese Scharfmacher, die Obergrenzer, die Unbunten, die Unvielfältigen, die Nichtintegrierer genauso hart, wie diese Sie verurteilen und behandeln – grenzen Sie sie radikal aus und sprechen Sie ihnen den gesunden Menschenverstand ab.

*

Schieflage, die:

„Die Bank ist in eine finanzielle Schieflage geraten."

Diese Schlagzeile wird viele der beteiligten Banker in ein moralisches Dilemma stürzen: Soll man vor dem großen Crash noch schnell einen dicken Bonus einstreichen oder sich lieber sofort auf die Yacht in der Lagune vor Venedig zurückziehen. Die meisten dürften sich ganz pragmatisch dafür entscheiden, das eine zu tun und das andere nicht zu lassen.

*

Schießen, gegen:

„Der CSU-Generalsekretär schießt wieder gegen die Kanzlerin."

Politikeraussagen unterliegen im deutschen Objektivitätsjournalismus bereits in der Schlagzeile einer subtilen Bewertung. Wo eine CSU oder AfD bei Hinweis auf einen umstrittenen Sachverhalt „schießt", „keilt", „wettert" „hetzt" oder „ätzt", sind Parteien des linken Spektrums eher die Mahner (▸ Stimmen, die mahnenden), Aufrufer (▸ Aufruf, der) oder Kritisierer. Dass in diesem Zusammenhang in einschlägigen Berichten nicht gleich in der

Überschrift etwas von konstruktiver Kritik zu lesen steht, möchte man schon fast als eine ungebührliche Vernachlässigung der Neutralitätspflicht des Journalismus empfinden. Vorsichtshalber möchten wir uns aber auf jeden Fall für diesen Eindruck entschuldigen, weil diese Feststellung vielleicht der AfD nützen könnte (▸ AfD, Nutzen für die).

*

Schulfach, Einführung eines:

„Die Ernährungsexpertin forderte die Einführung eines Schulfaches für gesundes Essen."

Wenn nach jeder Forderung eines selbsternannten Experten ein Schulfach eingeführt würde, dürfte die Standardschulstunde nicht mehr wesentlich länger als dreißig Sekunden dauern.

*

Schultern, die starken:

„Der Vorsitzende des Dachverbands der Wohlfahrtsverbände machte noch einmal klar, dass starke Schultern mehr als schwache Schultern zum Gemeinwohl beitragen müssten. Dagegen betonte der FDP-Vorsitzende, dass wer mehr arbeite, auch mehr in der Tasche haben müsse. "

*

Schultern, die schwachen:

„Der SPD-Politiker betonte, dass die schwachen Schultern gestärkt und die starken Schultern geschwächt werden sollten. "

Dagegen wendete der FDP-Politiker ein, dass die Stärkung der schwachen Schultern automatisch zu einer Schwächung der starken Schultern führe, weshalb es gelte, dass die schwachen Schultern nur insofern gestärkt würden, als die überbordende Schwächung der starken Schultern dahingehend vermieden werden müsse, dass die Schwächung der starken Schultern zu Gunsten der Stärkung der schwachen Schultern zu vermeiden sei.
Die Linkspartei insistierte dagegen darauf, dass die schwächsten Schultern nicht zu Gunsten der schwachen Schultern, sondern nur zu Ungunsten der

starken Schultern entlastet werden müssten. Der CDU-Generalsekretär warnte in der Schulterdebatte davor, dass eine zu ausgeprägte Diskussion um die generelle Be- und Entlastung von ganz starken, starken, stärkeren, schwachen, schwächeren, schwächsten und allerschwächsten Schultern nur schwer zu erfüllende Forderungen beinhaltete.

*

Schürung, die:

„Die SPD schürt die Debatte um den Kanzler-kandidaten.“

Falls diese Debatte zum Schüren von diffusen Ängsten vor dem Diffusen eines möglichen SPD-Kanzlers beitragen sollte, hat das Diffundieren des diffusen Wählers schon viel von seiner Diffusion weg von der CDU eingebüßt.

*

Shitstorm, der:

„Die Äußerungen des Ministers lösten in den sozialen Medien einen veritablen Shitstorm aus."

Der Scheißsturm emittiert zu allermeist aus der religiösen Vereinigung der Netzgemeinde (▸ Netzgemeinde, die). Dies passiert vor allem dann, wenn ein Statement für die einen eine pointierte Analyse darstellt, für andere jedoch schlicht der Griff ins Klo ist. Da sich letztere durch das Treffen der klaren Kante (▸ Kante, die klare) des Lokus regelrecht bepisst fühlen, wird das Geäußerte folglich als verbaler Dünnschiss abgewischt und in gleicher fäkaler Münze heimgezahlt. So äußern sich beide Seiten weiterhin ganz ihrem jeweils eigenen Motto der Prävention der „Verrohung der Sprache" folgend ausgesprochen exkrement, wodurch wieder alle einen konstruktiven Beitrag zur geforderten zivilisierten und demokratischen Diskurskultur geleistet haben.

*

Sicherheit, die hundertprozentige:

„Der Innenminister verwies darauf, dass es hundertprozentige Sicherheit nicht geben könne. "

Sobald persönliche Betroffenheit und Anteilnahme in ausreichendem Maße zugesichert wurden, bildet diese Phrase den krönenden Abschluss jedes Politikerkommentars, wenn es zu einem terroristischen Anschlag gekommen ist. Frei nach dem Motto: Das Schlechteste kommt zum Schluss.

*

Signal, das entgegenkommende:

„Die EU-Kommission signalisierte Entgegenkommen. "

Entgegenkommen signalisieren zwar auch ganz andere, z.B. Geisterfahrer auf der Autobahn, die Abrissbirne auf einer Industriebrache oder die Faust in Richtung Auge in Situationen, bei denen Brillen zu Kontaktlinsen werden. Ob ein Aufeinandertreffen mit den Letztgenannten einer Begegnung mit der EU-Kommission vorzuziehen wäre, bleibt schwer zu sagen.

Signal, das klare:

„Die Kanzlerin gab ein klares Signal.“

Tipp: An dieser Schlagzeile sollten selbst Sie als Journalist Zweifel anmelden.

*

Signal, das positive:

„Der Verbandspräsident sprach von einem positiven Signal an die Wirtschaft.“

Die meisten Signale sind nett, jovial, Aufbruch signalisierend und entgegenkommend. Generell lässt sich also konstatieren, dass Signale im Politsprech fast immer eine positive Konnotation besitzen.

*

Signal, das verheerende:

„Der Minister nannte den Vorschlag ein verheerendes Signal an die Wirtschaft.“

Dennoch, es gibt auch das!

Skepsis, die breite:

„Der Vorschlag des Landwirtschaftsministers stieß auf breite Skepsis."

Bei Vorschlägen jeglicher Couleur werden in der deutschen Politiklandschaft erst einmal die Augenbrauen zusammengezogen und mit der Stirn gerunzelt. Vorschläge sind immer verdächtig, vor allem, wenn sie nicht innerhalb der eigenen Partei geäußert wurden. Vorschläge muss man beseitigen, so wie seinerzeit Karthago von den Römern beseitigt wurde. Da passt es gut, dass es tatsächlich einmal eine antike griechische Stadt namens Skepsis gab, von der heute nur noch Ruinen vorhanden sind. Ein Schicksal, das fast jedem voreiligen Vorschlag blüht.

*

Sommer, der sich zurückmeldende:

„Der Sommer meldet sich zurück."

Selbst bei den Wonnen des Sommers werden wir noch mit Resten des preußischen Militarismus konfrontiert.

*

Sorge, die wachsende:

„Die Sorge vor einer Eskalation wächst."

Sorgen müssen immer wachsen, andernfalls sind sie für Sie als Journalisten nutzlos. Optimalerweise bringen Sie sie mit Politik in Verbindung. Ihre Botschaft an die Leser: Das Leben ist kurz. Deshalb sollte man so viel Zeit wie möglich über Politik schimpfen.

*

Start-Up, das:

„Der Minister forderte, dass Start-Ups stärker als bisher vom Staat unterstützt werden sollten."

Start-Ups sind die Neuauflage für den alten Versuch aus Scheiße Bonbons herzustellen, wobei bei älteren Unternehmungen die Bezeichnung der Exkremente weitaus seltener auf einen Klinger geendet haben, wie z.B. in Bermudaria (Reiseportal für Karibik-reisen), Carissimo (Autoforum für US-ameri-kanische Vintage Cars aus Italien) oder Anwaldi (juristische Hilfe bei haustierbezogenen Streitig-keiten).

Stimmen, die mahnenden:

„Mahnende Stimmen fordern mittlerweile die Beseitigung des Missstands der Unterbezahlung."

Wenn ominöse mahnende Stimmen einen Aufruf (▸ Aufruf, der) starten, kann man davon ausgehen, dass sie offene Scheunentore einrennen. Um das Niveau zu heben hilft der Genitiv da auch nichts mehr. Spätestens wenn man einen Aufruf unter der Rubrik „Top News to Go" (▸ Top News to go) in der Huffington Post Deutschland liest, wird das Phänomen von heftigen Kopfschmerzen beim Leser begleitet. Dies jedenfalls, wenn er sich trotz dieser Lektüre das letzte Quäntchen Intelligenz zu behalten in der Lage war.

Generell sollten sich aber alle diejenigen, die Stimmen in ihren Köpfen hören, fragen lassen, ob sie - frei nach Helmut Schmidt - mit dieser Art von Vision nicht besser zum Arzt als zu den Medien gegangen wären.

*

Stimmenfang, der:

„Mit dieser Taktik gehe die Partei lediglich auf Stimmenfang."

Es gibt unzählige Möglichkeiten, wie man als gewiefter Repräsentant des Volkes auf Stimmenfang gehen und in der Wählergunst steigen kann (▸ Wählergunst, Zugewinne in der). Das kann zum Beispiel ein Bad in der Menge sein. Allerdings gehört dieser Basiskurs der Stimmviehumgarnung zum Grundrepertoire eines jeden Anfängers und entlockt alten Polithasen lediglich ein süffisantes Lächeln. Bei fortgeschrittenen Stimmenfängern ist die rechtschaffene öffentliche Entrüstung über die jüngste Straftat, verbunden mit dem Ruf nach einer Verschärfung des Jugendstrafrechts sehr viel beliebter, zumindest sofern sich der betreffende Politiker im konservativen Milieu verorten lässt. Linke Stimmenfänger werden eher beim Durchschneiden des roten Bandes eines neu zu eröffnenden Fahrradwegs in einer 20er-Zone oder bei umweltschutzpolitischen Anfällen von Diesel-, Atom-, Sondermüll- oder CSU-Entsorgungsversuchen gesichtet.

Da aber kein Weg um den Sport herum führt, ist die Königsdisziplin in beiden Lagern sicherlich der Besuch eines Fußball-Länderspiels, inklusive eines (hoffentlich) echt wirkenden Jubels, sobald die "richtige" Mannschaft den Ball verwandelt.

Stimmung, die eingetrübte:

„Die Stimmung an der Börse hat sich deutlich eingetrübt."

Das ist aber kein Grund zur Besorgnis. Spätestens beim nächsten Karneval werden auch bei den Börsenmaklern wieder die Narrenhütchen aufgesetzt.

*

Stimmung, die kippende:

„Die Regierung befürchtet, dass die Stimmung in der Bevölkerung kippen könnte."

Diese Gefahr ist bei einem immer gut gelaunten Volk, welches bekanntermaßen täglich in den Straßen tanzt und den Pessimismus genetisch bedingt verabscheut sicherlich nicht im Verzug.

Tipp: Mit dem Hinweis auf die Gefahr der „Stimmungskippung" ist man in Schlagzeilen immer auf Seiten der None-Fake-News, da die Stimmung in Deutschland niemals senkrecht gestanden wäre.

*

Stimmung, die unterirdische:

„Einige Mitglieder der Verhandlungsdelegation bezeichneten die Stimmung als unterirdisch."

Ist die Stimmung dergestalt, könnte man auf Assoziationen mit unterirdischen Atomexplosionen kommen. Wenn in der Presse von dieser Art kollektivem Gemütszustand die Rede ist, nützt es nichts mehr, die Kontroverse bei einem Tabuthema schönzuschreiben – die Gemeinsamkeiten sind aufgebraucht (▸ Gemeinsamkeiten, die aufgebrauchten), alle bislang gezinkten Karten landen auf dem Pokertisch der Öffentlichkeit und werden neu gemischt.

*

Stimmungsmache, die plumpe:

„Die Äußerungen des Innenministers wurden von der Opposition als plumpe Stimmungsmache bezeichnet."

Plumpes Stimmungsmachen geht mit populistischen Aussagen Hand in Hand. Deren Schlussfolgerungen sind meistens derart differenziert, dass sie für jeden Intellektuellen der reine Labsal sind, und von den Medien daher unbedingt aufgenommen und diskutiert werden müssen. Beispiele solch' einer scharf durchdachten, an der Sache und an einer Lösung orientierten und damit konstruktiven Kritik am politischen Gegner wollen wir Ihnen nicht vorenthalten:

Das Argument des CSU-Politikers, dass man nicht die ganze Welt in Deutschland aufnehmen könne, bezeichnete die Grünen-Vorsitzende als plumpe Stimmungsmache und gefährlichen Populismus.

Wie der grüne Verkehrsminister meinte, befänden sich die Dieselbesitzer, die mit ihren neu erstanden Wägen zur Arbeit fahren möchten, schlicht auf Reichsbürger-Niveau.

Der CSU-Vorsitzende gab zu bedenken, dass jede Stimme an die Grünen uns näher an ökofaschistische Verhältnisse führe.

Wie der AfD-Abgeordnete behauptete, handele es sich beim Klimawandel lediglich um das Produkt der Phantasie kleiner frühreifer Mädchen, weshalb Vorschläge bezüglich des Ausbaus der Windmühlen oder der Solarzellenbestückung von Häusern einem Zuviel an Don Quichotte und Karlsson vom Dach geschuldet seien. Auch anderes Fortschritts- und Toleranzgewäsch wie der freie Zugang zur Verhütung für Menschen aus den ärmsten Regionen der Welt hätten mehr mit Pippi Langstrumpf als mit der Realität zu tun.

Tipp: Es ist bei diesen vielperspektivischen Darstellungen immer wieder erfreulich feststellen zu können, dass der heutige Journalismus seinen eigenen Rezipienten schon ein gehöriges Maß an Intelligenz zuschreibt. Ob also wirklich bloß das Internet für die schwindenden Auflagen der traditionellen Medien verantwortlich gemacht werden kann, ist da schon eine mehr als berechtigte Frage.

*

T

Talfahrt, die:

„Die Börse ist auf Talfahrt.“

Eine Talfahrt unternimmt nicht nur ein Schlitten- oder Skifahrer, sondern in den Untiefen des Wirtschaftsjournalismus haben wir es meistens mit einem waschechten Dax zu tun. Dreht der Dax nach der Talfahrt noch weiter ins Minus (▸ Dax, minusdrehend und Verluste ausbauend), sollte börsialer Alarm geschlagen werden (▸ Alarm, der geschlagene).

*

Talsohle, die noch nicht erreichte:

„Die Talsohle ist noch nicht erreicht.“

Die Welt besteht bekanntermaßen aus Debakeln, Katastrophen, Chaos und Trump & Brexit (▸ Trump & Brexit,). Wenn die allerschlechtesten Nachrichten in glaublicher Weise prognostiziert erst in einer nicht näher definierten Zukunft zu erwarten stehen, ist das Nichtabreißen des apokalyptischen Nachrichtenstroms garantiert.

*

Tasche greifen, das tiefere in die:

„Stromkunden müssen auch in diesem Jahr tiefer in die Tasche greifen."

Wenn der Bürger zum wiederholten Male zur Kasse gebeten wird (▸ Zur Kasse bitten, das), muss er zwangsläufig tiefer in die Tasche greifen. Man fragt sich dabei allenthalben, wie lang das deutsche Hosenbein mittlerweile eigentlich sein muss.

*

Tauwetter, das:

„Tauwetter zwischen den USA und Moskau."

Traditionell ist das Tauwetter die Zeit der Kuschelkurse (▸ Kuschelkurs).

Tauziehen, das:

„Nach monatelangem Tauziehen einigten sich die Parteien auf einen Kompromiss.“

Sportliche Aktivitäten wie das Ziehen eines Seils in entgegengesetzte Richtungen werden in den Medien oft verwendet, um politischen Zwist bildhaft vorstellbar zu machen. Dies mag bei vielen den Verdacht wecken, dass es in der Politik hauptsächlich um Muskelkraft gehe. Dass bei den meisten Beteiligten diese Muskeln (wenn überhaupt vorhanden) nicht gerade die Denkmuskeln sind, mag der Grund dafür sein, dass bisher noch niemand auf die Idee gekommen ist, das Seil einfach loszulassen, damit der Gegner im Matsch landet.

*

Toleranz, der Aufruf zur:

„Der Bundespräsident rief zu größerer Toleranz gegenüber Andersdenkenden auf.“

Ob in diesem Falle vielleicht doch das Bonmot des großen Entertainers H. Schmidt zutrifft? „Eine Mischung aus Ablehnung und Ekel, auch als Toleranz bekannt.“

Tipp: Generell ist es immer gut, Toleranz zu fordern. Aufpassen sollten Sie bloß, dass Sie aus Versehen einmal die Gedanken der Andersdenkenden nicht als intolerant brandmarken.

*

Top News to Go:

Die nunmehr wegen des für den deutschen Zeitungsmarkt zu hohen Niveaus untergegangene „Huffington Post Deutschland" war eine auch in Deutschland mit deutschen Themen erscheinende Online-Zeitung aus den USA, die unter der Überschrift „Top News to go" von gerade über den Ticker hereingekommenen Meldungen berichtete. Das „Blatt" wollte uns damit wohl ganz unverhohlen sagen, dass nicht mehr nur der Kaffee im Karton serviert wird, sondern dass die meisten Neuigkeiten ebenfalls schlicht Pappe sind.

*

Trump & Brexit:

„In Zeiten von Trump und Brexit ist es wichtig, dass man den Populisten keine Stimme gibt und dass man Haltung zeigt."

Trump und Brexit sind seit 2016 die siamesischen Zwillinge, das Yin und das Yang, die Mauer und der Stacheldraht, das Ping und das Pong, ja beinahe schon das Jong und das Un der deutschen Politik- und Medienszene. Mit einiger Berechtigung könnte man, wenn dieses Adelsprädikat nicht schon bei „Wir schaffen das!" verliehen worden wäre, von der Kanzlerin (▸ Kanzlerin, die), so aber eben von der Kaiserin der Phrasen sprechen.

Auch nicht verwundern würde es, wenn „Trump & Brexit" dereinst im Katechismus der Amtskirchen und in einer extra seinetwegen überarbeiteten Form der Offenbarung als *der* feststehende Begriff für das pure konzentrierte Böse, für das Schlechte und Verderbte, für das Armageddon des Lebens, des Universums und des ganzen Rests herhalten müsste. Womöglich schafft es Trump & Brexit sogar in den Duden. In diesem Lichte wird man dereinst die Ursprünglichkeit des „Trump & Brexit" als nicht feststehende Begriffe (also einen frei gewählten US-Präsidenten und den nach einer Volksabstimmung beschlossenen Ausstieg aus einer überregulierten Freihandelszone mit Ambitionen zu einer politischen Union) alltagssprachlich vergessen haben. Die zukünftige Verwendung wird sicherlich kraftstrotzender sein. Man wird sich Dinge an den Kopf werfen wie: „Trump & Brexit nochmal!"; „Hier geht es ja zu wie bei Trump & Brexit!"; „Da hab´ ich wohl einen Trump & Brexit gebaut!"; „Da greifen ja Trump & Brexit um sich!"; „Heilige Angela, rede doch nicht immer so einen Trump & Brexit!"; „Da sieht es ja aus wie bei Trump & Brexit unterm Sofa!". Usw.

Anmerkung: Wenn es den "Trump & Brexit" nicht gegeben hätte, dann wäre dem deutschen Qualitätsjournalismus der letzten Jahre ein Auflagenproblem von ganz anderer Dimension als ohnehin schon entstanden. Ob Klima und AfD das hätten alleine auffangen können steht in den antiamerikanischen Sternen.

*

Tücher, die trockenen:

„Der Kompromiss ist noch nicht in trockenen Tüchern."

Umweltbewusste Politiker verwenden lieber Stoffwindeln.

*

U

Umdenken, das:

„Im Leistungssport müsse es ein Umdenken geben."

Viele Bürger sehnen sich nach einer Konstante in ihrem Leben; es soll sich endlich einmal "nichts verändern" und "alles so bleiben wie es ist."
Wenn Sie zu dieser Gruppe gehören, können Sie beruhigt aufatmen, sobald Sie diese Phrase hören. Oft taucht sie nämlich nach tragischen Unglücks-fällen auf, wenn es sich für Sportfunktionäre schickt, öffentlich Zerknirschung zu zeigen. Wenn aber Denken schwer ist, dann ist es das Umdenken erst recht. Weshalb uns die beruhigende Gewissheit bleibt, dass sich auch nach dem nächsten Unglück nichts ändern wird.

*

Umsatzeinbruch, der:

„Der Einzelhandel meldete einen Umsatzeinbruch."

Ein wunderschönes Beispiel dafür, welche linguistischen Monster in der deutschen Sprache möglich sind. Die „Gewinnwarnung" wäre ein anderes.

*

Unausgewogenheit, die soziale:

„Die Opposition kritisierte die Pläne als sozial unausgewogen."

Verzichtet die Opposition freiwillig auf solche schweren Kaliber wie "erschreckend" oder "verheerend", sondern bedient sich des denkbar schwächsten Vorwurfs (den der sozialen Unausgewogenheit), dann liegt die Vermutung nahe, dass diese Opposition den Anschein der Kritik wahren möchte, selbst aber ebenfalls keine besseren Pläne zu bieten hat. Sollte Ihnen in der Politik dieses Phänomen schon einmal in einem etwas anderen Zusammenhang begegnet sein, wäre das reiner Zufall.

V

Verbot, das:

„Verbraucherverbände forderten inzwischen ein Verbot.“

Wird in Deutschland viel verboten? Auf alle Fälle wird gefordert (▸ Forderung, die), dass etwas zu verbieten sei. Um es ganz und gar pädagogisch anzugehen fordern Experten (▸ Experten, die) ein Schulfach (▸ Schulfach, Einführung eines, die), welches sich, bevor die Forderung nach einem Verbot überhaupt ihre Formulierung findet, mit dem Missstand über Gebühr ausführlich auseinandersetzen soll.

Sollte es tatsächlich zu einem Verbot kommen, bleibt aber immer noch die Frage, ob man es in der deutschen Praxis dann mit den Regeln und Gesetzen immer so ganz genau nimmt. Schon durch die sprachliche Graduierung von Verboten kann dies nämlich durchaus in Frage gestellt werden: Ist es denn wirklich verboten, an einem See zu angeln, wenn auf einem Schild zu lesen steht „Angeln verboten“? Als Deutscher weiß man schließlich spätestens seit Petrosilius Zwackelmann, dass dies alles im Relativen verbleiben kann so lange dort nicht „Angeln streng verboten", „Angeln strengstens verboten" oder gar „Angeln allerstrengstens verboten" steht.

Bedauerlicherweise hat man heute zuweilen den Eindruck, dass die Politik der Exekutive mit judikativen Einschränkungen und legislativen Beschlüssen von weit höherer Bedeutung als einer Angellizenz in ganz ähnlich „graduierender" Weise verfährt. Dunkeldeutsche rechte Kreise (▸ Kreise, die) sind durch den wohl nur nominell roten Fischer am rechten Rand (▸ Rand, der Rechte) Milos Zeman heute durchaus zu einer großen Fangemeinde des äußerst restriktiven Angelsports angewachsen.

*

Versöhnung, die:

„Der Minister schlägt zunehmend versöhnliche Töne an."

Eine der wenigen Phrasen aus den Gefilden der Musik. Sie soll den Eindruck unterstützen, dass es in einer Sache ausnahmsweise nicht um politischen Streit und Hader geht. Vielmehr verstärkt das friedliche Bild eines Cembalo spielenden Ministers die beruhigende Erkenntnis, dass in einer Demokratie parteiübergreifende Kompromisse letztlich doch möglich sind.

Tipp: Eine der allerobersten Prioritäten für Sie als Journalist ist daher die Vermeidung dieser Phrase.

*

Verunsicherung, die:

„Der Wähler ist verunsichert."

Es ist erstaunlich, wie sich Zustände an höchster Staatsstelle auf den Wähler abschieben lassen. So scheint der Wähler überproportional oft im Zustand der Verunsicherung zu existieren. Medial ist die Begegnung mit einem sicheren Wähler etwa so wahrscheinlich wie das Funktionieren einer italienischen Regierung, das Auffinden des legendären Bernsteinzimmers oder die pünktliche Ankunft eines Zuges der Deutschen Bahn.

*

Wähler, die nichtmobilisierten:

„Der Generalsekretär räumte ein, dass es der Partei offenbar nicht gelungen sei, alle ihre Wähler zu mobilisieren."

Hardliner würden jetzt auf der Stelle das Standrecht für diese pflichtvergessenen Deserteure und vaterlandslosen Gesellen fordern.

*

Wählerauftrag, der:

„Die Wählerinnen und Wähler haben uns einen klaren Regierungsauftrag erteilt."

Eine der schönsten Gelegenheiten für Politiker, sich bei den Wählern lieb Kind zu machen ist nach einer gewonnenen Wahl. Dann nämlich haben die Wähler alles richtig gemacht und haben sich das Lob von *einer* Seite der Politik redlich verdient. Es ist dies ein geeigneter Zeitpunkt, dem Volk noch einmal in

Erinnerung zu rufen, dass es seinen Einfluss auf die Politik in vorbildlicher Weise genutzt habe. Der Wunsch, dass es sich doch jetzt bitteschön wieder aus der Politik heraushalte (und künftig bloß nicht die Opposition unterstütze), schwingt in diesem Statement allerdings bereits durch die Benutzung des Perfekts mit.

*

Wählergunst, Zugewinne in der:

„Vor allem die kleinen Parteien verzeichnen deutliche Zugewinne in der Wählergunst."

Es ist schon überraschend, welch´ immense Macht der einzelne Wähler auf das ganze Parteienspektrum zu haben scheint. Das Erstaunliche daran ist vor allem die offensichtliche Anwendbarkeit des süddeutschen Regionalwahlprinzips des Kumulierens und Panaschierens auf Landes- und Bundesebene, und das Ganze sogar schon im Rahmen von fundierten Umfragen, die sich in Abhängigkeit von den politischen Präferenzen des Auftraggebers untereinander auch noch leicht bis deutlich unterscheiden. Wo bleibt bei alledem nur der gute alte angelsächsische „one man, one vote"-Grundsatz? Die Macht des Wählers scheint in diesem System aber noch bedeutend weiter zu reichen, denn wenn eine Partei auf dem oben beschriebenen Wege im Vergleich zur Vorwoche einen Prozentpunkt dazu gewinnt bzw. einen verliert, setzt diese im heutigen medialen Duktus zu einem Höhenflug bzw. zu einem dramatischen Einbruch in der Wählergunst an. Über die Tatsache, dass eine statistische Fehlertoleranz von drei Prozent bei den großen Parteien existiert, schweigt man sich da um der Schlagzeile willen vornehm aus.

Anmerkung: Denken Sie also bitte weiterhin daran, dass Sie nur berichten was ist, und es nicht Ihre Aufgabe ist den Wähler zu beeinflussen.

*

Wahlkampfgetöse, das reine:

„Kritiker sprechen von reinem Wahlkampfgetöse. "

In der Politik geht es offenbar laut her. Das sieht man allein schon daran, dass viele Niederlagen „krachend" sind.

*

Wahlkampfmodus, der:

„Der Generalsekretär sagte, dass die Partei jetzt im Wahlkampfmodus sei."

Oder anders ausgedrückt: Ab jetzt ist gar nichts mehr ernst zu nehmen.

*

Weckruf, der:

„Die neuesten Klimadaten sind ein Weckruf an die Politik."

Dieses Werkzeug des Alarmismus (an sich schon ein schönes deutsches Wort) funktioniert dergestalt, dass zuerst Interessensgruppen und dann die ihnen geneigten Politiker ein neues Thema setzen, welches von anderen deutlich wichtigeren ablenkt. Meistens, und das ist auch eine Präkondition für einen gut gewählten Weckruf, wird er von allen „demokratischen" Parteien adaptiert.

Solche allgemein akzeptierten Weckrufe müssen sich zum einen entweder auf Fernereignisse beziehen, wie z.B. die Verhinderung einer neuen Eiszeit in 10.000 Jahren, denn anderenfalls müsste man in anderer Sache ja tatsächlich handeln, oder zum anderen auf Felder, die sich fast von selbst beackern, wie z.B. „Digitalisierung" und „Bildung". Außerdem müssen die nach einer Zeit zum Konsens hochpropagierten Weckrufe den Widerspruch einer beachtlichen denkenden Minderheit provozieren, da man sonst nicht den nötigen äußeren Feind generieren kann, der die Implementation der eigenen Nichtpolitik erst als augenscheinlich wichtig glaubhaft macht. Sind diese beiden Pfosten erst einmal zuverlässig in den politischen Treibsand eingeschlagen, hat man in der Tat sehr nachhaltig dafür gesorgt, dass man regelmäßig wohlfeile Forderungen (▸ Forderungen, die) erheben kann und sich nicht an aktuellen Problemen überarbeiten muss. Im Grunde verdient der politische Jackpot eines gut designten Weckrufs nur eines, nämlich Akklamation.

*

Weißes Haus, das schäumende:

„Nach Bekanntgabe des Urteils des Obersten Gerichts schäumt das Weiße Haus."

Deshalb sieht das Haus in der Pennsylvania Avenue immer so blitzblank aus.

*

Wiedereinzug, der:

„Die FDP hofft auf einen Wiedereinzug ins Parlament.“

Es wird also demnächst wieder geliefert (▸ Lieferung, die).

*

Wiederholung, die gebetsmühlenartige:

„Die Grünenvorsitzende sagte, dass die Äußerungen des Innenministers durch ihre gebetsmühlenartige Wiederholung nicht besser würden.“

Politik ist heute ein transzendentales Substitut mit verbrannten Ketzern einerseits und naiven Gläubigen andererseits.
Ob aber gebetsmühlenartig oder weihrauchfassschwenkend, ob im religiösen oder weltlichprofanen Sinne: Ständige Wiederholung der eigenen Überzeugung ist oft ein Merkmal für verdrängte Zweifel.

*

Willkommenskultur, die:

„Wir brauchen eine neue Willkommenskultur!"

Wie Zeitgeschichte zeigt, manifestieren sich Willkommenskulturen in Mitteleuropa v.a. an Bahnhöfen. Dies ist insofern passend, da Bahnhöfe Orte des Ankommens sind (▸ Ankommen, das). Manch abgehängter Puffing „Hill" Billy wird nun einwenden, dass Bahnhöfe eben auch Orte des Verlassens sind und kraftstrotzende Lokomotiven wie er Migrationszüge lieber aufs Drehgleis abschieben möchten.
Davon sollten sich die Kuschelbärenwerfer aber nicht die Party verderben lassen, denn Feste soll man ja schließlich feiern wie sie fallen.

*

Wirbel, der:

„Die Äußerungen des Gesundheitsministers sorgten für Wirbel."

Meistens baut sich dieser Wirbel um ziemlich belanglose Dinge auf. Diesen gelingt es dann aber nichtsdestotrotz auffällig häufig, sich für Wochen in den Schlagzeilen festzusetzen (und von dort genauso abrupt wieder zu verschwinden). Bei solch einem

Informationsstrudel handelt es sich recht besehen oft um nichts anderes als einen Sturm im Wasserglas.

*

„Wir schaffen das":

W wie „Wir schaffen das"! Man kann getrost feststellen, dass diese so augenscheinlich harmlos und optimistisch daherkommenden kurzen Wörtchen die Kaiserin, oder, heutzutage durchaus ranghöher, die Kanzlerin (▸ Kanzlerin, die) unter den Phrasen ist. In jedem Falle aber steht sie, besonders für den rechten Mob (▸ Mob, der rechte), im Kulminationspunkt der gesamten politischen Phraseologie der Gegenwart.

Mit „wir schaffen das" ist es einer Angela aus Hamburg möglich geworden, ganz Europa aus den verschiedensten Angeln zu heben, was sich besonders sächsisch auch am Brexit manifestiert hat.

*

Wissen, das:

„Was wir über den neuen Präsidenten wissen und was wir nicht wissen"

Wie sagte einst Herbert Wehner zum Starjournalisten der Bonner Republik Ernst Dieter Lueg, nachdem ihm dieser suggerierte, dass er wisse, was die Hochrechnungen am Wahlabende seien? „Ich weiß nichts und sie wissen nichts!"

Tipp: Probieren Sie es mit einer philosophischeren Perspektive und zitieren Sie aus der Apologie des Sokrates. Entscheidend wäre nur, dass sie letztlich zum selben Ergebnis kommen.

*

Worte, die mahnenden und sich findenden:

"Steinmeier findet zu Weihnachten mahnende Worte - und gibt allen Deutschen einen Rat."
(Focus, 25.12.2018)

Das sind revolutionäre Neuigkeiten, die es vorher so noch nicht gegeben hat! Im vollen Ernste können wir aber auch ohne Hilfe von etwa „CORRECTIV" konstatieren, dass es sich bei dieser Meldung nicht um „Fake News" (▸ Fake News) handelt.

XYZ

Zahlmeister, der deutsche:

„Deutschland darf nicht der Zahlmeister Europas sein. "

Eine Phrase, die schon Generationen von Konservativen auf Linie gehalten hat. Dabei geht sie nach dem beliebten und oft bewährten psychologischen Schema vor, den Menschen zu sagen, wer das Opfer ist (Deutschland) und wer daran Schuld ist (alle anderen).

*

Zur Kasse bitten, das:

„Der Bürger wird erneut zur Kasse gebeten. "

Wenn man da nicht über die Freiwilligkeit dieses regelmäßig wiederkehrenden Aufrufs erleichtert sein darf!

Zurückrudern, das:

„Der Innenminister rudert zurück. "

Fehlentscheidungen in der Politik werden heutzutage offensichtlich sehr sportlich genommen. Auffallend ist, dass es in der politischen Disziplin des Zurückruderns nur die Einer-Bootsklasse zu geben scheint. Denn niemand ist einsamer und kann weniger auf Rückendeckung seiner Parteikollegen zählen als ein zurückrudernder Minister.

*

Stefan Bischoff

DAS EWIGE
HIHIHI

Leitfaden für Hihihisten

80 Seiten
ISBN-10: 3746017386

In der Ruhe findet man das ewige Hihihi.
Ein Hihihist ist jemand, der die Erfahrung gemacht hat, dass die
Antwort auf alle Fragen des Universums "Hihihi" lautet.

Damit steht der Hihihismus in der Tradition der großen Mystiker aller
Religionen - von Krishnamurti über Meister Eckhart bis zu den
Schriften der Upanischaden - denen allesamt eine tiefliegende
Heiterkeit zu eigen ist.

Das vorliegende Buch ist ein unverzichtbarer Leitfaden für alle
Sinnsuchenden und spirituell Interessierten. Auf jeder einzelnen Seite
findet der Fragende die passende Antwort, nämlich Hihihi.